ISBN 978-0-282-46378-6
PIBN 10504924

This book is a reproduction of an important historical work. Forgotten Books uses
state-of-the-art technology to digitally reconstruct the work, preserving the original format
whilst repairing imperfections present in the aged copy. In rare cases, an imperfection in
the original, such as a blemish or missing page, may be replicated in our edition. We do,
however, repair the vast majority of imperfections successfully; any imperfections that
remain are intentionally left to preserve the state of such historical works.

1 MONTH OF
FREE
READING

at
www.ForgottenBooks.com

By purchasing this book you are eligible for one month membership to ForgottenBooks.com, giving you unlimited access to our entire collection of over 700,000 titles via our web site and mobile apps.

To claim your free month visit:
www.forgottenbooks.com/free504924

English
Français
Deutsche
Italiano
Español
Português

www.forgottenbooks.com

Mythology Photography **Fiction**
Fishing Christianity **Art** Cooking
Essays Buddhism Freemasonry
Medicine **Biology** Music **Ancient**
Egypt Evolution Carpentry Physics
Dance Geology **Mathematics** Fitness
Shakespeare **Folklore** Yoga Marketing
Confidence Immortality Biographies
Poetry **Psychology** Witchcraft
Electronics Chemistry History **Law**
Accounting **Philosophy** Anthropology
Alchemy Drama Quantum Mechanics
Atheism Sexual Health **Ancient History**
Entrepreneurship Languages Sport
Paleontology Needlework Islam
Metaphysics Investment Archaeology
Parenting Statistics Criminology
Motivational

Leben und Wirken

William Penn's

Gabe zur zweihundertjährigen Gedächtnißfeier
seiner ersten Ankunft in Pennsylvanien.

Von

W. J. Mann,

Paſtor der Evang.-Luth. Zions-Kirche und Profeſſor am Theologiſchen Seminar
zu Philadelphia, Pa.

Reading, Pa.:
Verlag der Pilger-Buchhandlung.
1882.

M28

Vorwort.

—

Am 8. November 1682 setzte William Penn zum er=
sten Mal seinen Fuß da an's Land, wo jetzt die Stadt
Philadelphia sich am Delaware von Nord nach
Süd und vom Delaware= zum Schuylkillflusse von
Ost nach West ausdehnt und man die Vorhalle des
schönen Pennsylvaniens betritt. Dort war da=
mals ein steil abfallendes, von dichtem Wald gekrön=
tes Ufer, in welches unbedeutende Bäche hier und da
sich einen Ausweg dem Strome zu eröffnet hatten.
Da und dort sah man wohl auch den Giebel eines
Hauses hervorragen, und im südlichen Theil des ge=
dehnten Uferlandes stand nahe dem Strome ein Block=
haus, das früher als Fort im Nothfall gegen die In=
dianer dienen konnte, jetzt aber von den hier und da zerstreut woh=
nenden Schweden als Stätte ihres gemeinsamen Gottesdienstes
konnte benutzt werden. Ein lutherisches Gotteshaus—das erste in
Pennsylvanien—und wer es besuchte, konnte dort, als Wm. Penn
Philadelphia gründete, einem alten Prediger, Magister Jacob Fa=
bricius, begegnen, der früher in New Amsterdam (New York)
das h. Amt verwaltet hatte, seit Trinitatis=Sonntag 1677 aber am

Delaware, und zwar vierzehn Jahre lang, die neun letzten Jahre in völliger Erblindung, das Evangelium verkündigte.

Wo damals in Höhlen, die in das steilabfallende Ufer des Stromes eingegraben waren, manche Ankömmlinge aus den Schiffen die erste Zufluchtsstätte fanden, und die Indianer auf schmalen Pfaden durch den dichten Wald wanderten, da erheben sich jetzt die stattlichen Kaufmannsgebäude, „tauschen zwei Welten ihre Schätze" und ziehen die endlosen Straßen sich hin. Aus den Häusermassen aber ragen da und dort schlanke Thürme hoch empor, weisen gen Himmel und erinnern daran, daß es noch eine andre Welt und Sorge giebt als die um Essen und Trinken und Kleider und Obdach hienieden. Und wo einst die Thiere der Wildniß durchs Dickicht schlichen, ängstlich vor dem schädlichen Pfeile, da ziehen sich über Berg und Thal und Fels und Strom eiserne Schienen und verketten das Atlantische Meer mit dem Stillen Ocean und eine stets wachsende Zahl mächtiger Staaten friedlich und doch mit unwiderstehbarer Macht sammt ihren Millionen von Seelen in einen Bund, wie die Welt und ihre Geschichte nie ihn gesehen hat.

Dies ist das Werk von zwei Jahrhunderten. An diesem Bau der Verein. Staaten ist Pennsylvanien als ein Gemeinwesen an den Namen William Penn's als des Stifters für immer geknüpft, ein hervorragendes Glied, ein Schlußstein in der Mitte der Staaten, die wie ein Gewölbebogen entlang dem Atlantischen Meere von Nord nach Süden sich ziehen.

Pennsylvanien steht in der Geschichte da als das große gesellschaftliche und politische Resultat von Kämpfen um die Anerkennung der Religions- und Gewissensfreiheit, welche Jahrzehnte hindurch England erschüttert hatten. An diesen Kämpfen nahm Wil-

liam Penn den innigsten Antheil und setzte die Freiheit des Gedan=
kens, den Geist des Christenthums, die Macht des Wortes in Rede
und Schrift dem tausendjährigen Vorurtheil, der verbrieften Gewalt
in Kirche und Staat, dem Mißtrauen und dem Haß im gesellschaft=
lichen Leben muthig und siegreich entgegen. Aber noch ehe das
Princip religiöser Toleranz in England den Sieg im Verfassungs=
wesen davon getragen, schuf ihm Wm. Penn eine verheißungsvolle
Zufluchtsstätte in der Neuen Welt und legte einen Grundstein für
einen gesellschaftlichen und politischen Bau, in welchem Millionen auf
Millionen wie ihres Lebens, so ihres Glaubens froh werden mögen,
während noch heute in alten Staaten Europa's die politische Macht
der Kirche zur Verfolgung und Bedrückung Andersdenkender den
Arm leiht.

Es knüpft sich darum an den Namen William Penn's ein ho=
hes und mehrseitiges Interesse. Er gehört mit seinem Leben und
Wirken der Alten und Neuen Welt an und beide sind seine Schuld=
ner. Die zweihundertjährige Feier der Gründung Philadelphia's
und Pennsylvaniens fordert dazu auf, das Lebensbild des bedeuten=
den Mannes in einfachen Zügen unserer Zeit zu vergegenwärtigen,
sein Andenken kräftig zu erwecken und uns, die wir so viel Gutes
unter dem Segen schwer errungener Freiheit genießen, daran zu
erinnern, wie viel Dank wir nächst Gott Denen schuldig sind, die vor
uns gearbeitet, uns aber eine Ernte bereitet haben.

An Quellen und Schriftwerken, die für unsere Aufgabe zu benutzen
waren und denen wir in Vielem nur zu folgen hatten, fehlt es nicht.
Das Leben William Penn's, die Geschichte der Quäker und Anderes,
was damit näher oder ferner im Zusammenhang steht, hat vielfache
Bearbeitung diesseits und jenseits des Meeres erfahren. Daß wir

uns den Anschauungen der Quäker vom Christenthum und Kirche und von manchen andern damit verknüpften Dingen gegenüber unsere Selbstständigkeit und Freiheit bewahren, versteht sich von selbst und thut der Achtung, die wir für Wm. Penn und seine Glaubensge= nossen, die Gesellschaft der „Freunde" hegen, keinen Eintrag.

Philadelphia, Sept. 28, 1881.

Wm. J. Mann.

Inhalt.

(vii)

Kapitel I.

William Penn's Geburt, Herkunft und Schulzeit.

m 14. October des Jahres 1644 wurde im Kirchspiel St. Catharina, nicht fern vom berühmten Tower, im östlichen Theile von London, William Penn, der Stifter von Pennsylvanien, geboren. Sein Vater, der ebenfalls William hieß, war Admiral in der englischen Flotte. Noch jung commandirte er eine von dem großen Staatsmann und Protector der englischen Republik, Oliver Cromwell, ausgesandte Flotte, zeichnete sich in den Seekriegen gegen Spanien und Holland aus, genoß auch nach der Wiederherstellung des Königthums unter Karl II. hohe Würden und Auszeichnungen und wurde zum Ritter geschlagen. Er zog sich im Jahre 1667 von allen öffentlichen Aemtern zurück und starb am 16. Sept. 1670 im Alter von nur 49 Jahren und 4 Monaten zu Wanstead in Essex County. Er war reich und wollte seinem Sohn William eine tüchtige Ausbildung in hohen Schulen gewähren, um ihn für das öffentliche Leben vorzubereiten. Der Sohn ist in's öffentliche Leben eingetreten und hat viel mehr gewirkt als

(9)

fein Vater, aber nicht als Kriegsmann mit fleischlichen Waffen und bei weltlichen hohen Titeln und Würden.

Die Penn's stammen wohl ursprünglich aus Wales und ge= hören einem alten Geschlechte an. Vier bis fünfhundert Jahre hindurch lebten Glieder der Familie im Dorf Penn in Bucking= hamshire. Das Wort soll in der Wälschen (Wales) Sprache Haupt bedeuten. Mit verschiedenen Ortschaften ist der Name Penn verbunden; Penlands, Penhouse, Penwood und andere. In der Kirche zu Penns=Lodge, nahe bei Mystic und Gloucester= shire, erinnert ein Grabstein an den im J. 1591 erfolgten Tod eines William Penn. Sein Sohn Giles war Kapitän in der englischen Flotte und eine zeitlang Consul für England im Mittelländischen Ocean. Das war der Vater des Admirals und der Großvater un= seres William Penn. Die Mutter des letzteren, an der er immer mit inniger, dankbarer Liebe hing, hieß Margaretha und war aus Holland, die Tochter des Kaufmannes Joh. Jasper zu Rotter= dam.

Nicht ferne von Wanstead, dem Landsitz der Eltern, in Chigwell in Essex County, befand sich eine von Samuel Harsnett, Erzbischof von York, erst wenige Jahre zuvor gestiftete sog. Gram= mar=Schule. In ihr genoß der junge William Penn den ersten Unterricht. Schon dort soll der kaum elfjährige Knabe eigenthüm= liche Eindrücke von der Nähe und Herrlichkeit Gottes empfangen haben. Wir wissen aber von den damit verbundenen Umständen viel zu wenig, um auf diese Sache irgend ein Gewicht legen zu kön= nen. Nur so viel mögen wir als gewiß annehmen, daß William Penn schon in zarter Kindheit tiefe religiöse Eindrücke empfing und in redlicher Frömmigkeit Gott zu dienen sich bestrebte. Im zwölften Jahre brachte ihn sein Vater, der damals selbst nach Irland ging, wo er ausgedehnte Besitzungen hatte, nach London und da be= suchte er eine Schule nicht ferne vom elterlichen Wohnhaus, war anch zugleich der Fürsorge eines besonderen Hauslehrers übergeben.

In Folge seiner erfreulichen Fortschritte im Lernen wurde er schon im 15. Jahre in das Christ-Church College in Oxford aufgenommen. Auch hier zeigte er großen Fleiß, war aber zugleich ein Freund stärkender Körperübungen und wählte sich unter den Studiengenossen besonders begabte und tüchtige aus zu speciellen Freunden. Unter diesen zeichnete sich aus Joh. Locke, der berühmte Philosoph, mit dem er so wie mit Isaac Newton, dem großen Mathemathiker und Naturforscher, noch in späteren Jahren Umgang hatte. Der lateinischen Sprache scheint William Penn besondere Aufmerksamkeit gewidmet zu haben. Es sind lateinische Verse vorhanden, welche er bei Gelegenheit der Trauer über den 1660 an den Blattern verstorbenen Bruder des Königs, den Prinzen Heinrich, Herzog von Gloucester, dichtete. Auch viele Jahre später hat er mit verschiedenen Männern Correspondenz in lateinischer Sprache geführt. Damals galt kaum Jemand für gebildet, der nicht des Lateinischen mächtig war.

Aber gerade während seines Aufenthaltes zu Oxford empfing William Penn religiöse Eindrücke, die für sein ganzes Leben entschieden, aber auch für sein Verhältniß zu seinem Vater und für viel weitere Kreise von den wichtigsten Folgen wurden. Vielleicht von Neugierde angeregt, besuchte er eine Versammlung der sog. Quäker oder Freunde, als Thomas Loe, ein Mann von ungewöhnlicher Begabung, der früher selbst der Universität Oxford angehört hatte, gerade predigte. Was William Penn bei dieser Gelegenheit hörte, drang tief in sein Gemüth ein und gab seinem Leben eine ernste, entschieden religiöse Wendung. Die frommen Eindrücke, die er schon früher empfangen, wurden aufgefrischt, vertieft und gestärkt.

Hier ist der Ort, wo wir Etwas über die Geschichte der Quäker und ihre Stellung unter der übrigen Christenheit, zu sagen haben. Und dies um so mehr, da William Penn's Leben mit ihnen von nun an auf's Engste verknüpft ist, sie aber durch ihn eine hohe Bedeutung und—wenigstens vorübergehend—großen Einfluß in der Geschichte Englands und bleibende Nachwirkung in der Weltgeschichte erzielten.

Kapitel II.

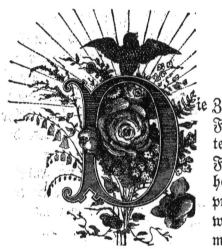

ie Zeiten, in welchen die Quäker oder Freunde in England zuerst auftra= ten, waren sehr erregt. Die Frage zwischen dem einst allgemein herrschenden Papstthum und den protestantisch gewordenen Völkern war keineswegs zur Ruhe gekom= men. Einzelne Fürsten unter= drückten die Evangelischen mit allen ihnen zu Gebote stehenden Mit= teln. Dabei wurden sie unterstützt von den Gliedern des Jesuiten= Ordens, welcher sich die Wiedereinführung des römischen Katholi= cismns in allen protestantisch gewordenen Gebieten zur besonderen Aufgabe machte. In Deutschland hatte der dreißigjährige Re= ligionskrieg im Jahre 1648, also vier Jahre nach William Penn's Geburt, 102 Jahre nach Luther's Tod, endlich ausge= tobt.

In einer außerordentlichen Erregung befand sich um jene Zeit das politische und das religiöse Leben in England.

Dort hatte der Despot Heinrich VIII. sich nach allerlei Schwankungen, und keineswegs aus den besten Beweggründen, 1535 für die Reformation äußerlich erklärt. Erkannt hat er ihre innersten

Wahrheiten nie. Er ließ sich eidlich von seinen Unterthanen als Oberhaupt der Kirche England's huldigen. Was er für die eigentliche Verbesserung des Glaubens that, war höchst ungenügend. Etwas mehr geschah unter seinem noch sehr jungen Nachfolger Eduard VI. (1547—1553). Nach ihm wirkte die „blutige" Maria (1553—1558) fanatisch und grausam für die Wiedereinführung des Papstthums. Nach ihr aber erklärte sich ihre Halbschwester, die begabte und willensstarke Elisabeth (1558—1603) entschieden für die Reformation, ließ sich als Oberhaupt der Kirche England's Treue schwören, ließ die Ordnung der Erzbischöfe, Bischöfe, Priester und Diaconen in der Kirche bestehen, führte eine bestimmte Form des öffentlichen Gottesdienstes ein, bestätigte das unter Eduard VI. eingeführte allgemeine Kirchengebetbuch mit gewissen Veränderungen; 1571 wurden die sog. 39 Artikel des Glaubens zum Staatsgesetz gemacht. Aber das Bestreben, in der Kirche England's eine durchgehende Uniformität herbeizuführen, stieß auf großen Widerspruch und auch die grausamen Maßregeln der Königin vermochten nicht denselben aufzuheben. Längst fehlte es nicht an Leuten, welche überzeugt waren, daß die Reformation in England eigentlich nicht recht durchgeführt sei, und daß es einer viel weitergehenden Reinigung bedürfe. Als Richtung, die sich geschichtlich geltend machte, mögen wir diese Bestrebungen unter dem Namen Puritanismus zusammenfassen. In der Kirche England's selber wurde unter Elisabeth heftig gestritten über die Kleider, welche der functionirende Geistliche zu tragen habe. Endlich traten in Folge dieser Streitigkeiten eine Anzahl der sog. Puritaner um 1567 aus der Kirche aus und beschlossen eine eigene Kirchengemeinschaft zu gründen und sich des von dem Schotten Knox bearbeiteten Genfer Kirchengebetbuchs zu bedienen. Vergeblich verfolgte die Königin streng alle Geistlichen, die dieser Neuerung zufielen. Aber unleugbar fanden sich ihr sehr viele ernste, fromme Männer zugethan. Vergeblich wurde gegen Alle, die an ihren gottesdienstlichen Versammlungen Antheil nahmen, grausam vorgegangen. Gerade unter diesen Verfolgungen wurde den Puritanern klar, daß die Kirche eigentlich mit dem Staat und seiner ganzen Administration nichts zu thun habe, daß sie von ihr völlig independent und sich selbst Gesetz sei. Aber auch von den Presbyterianern, wie sie sich in Schottland als Kirche constituirten, schieden sich die Puritaner oder Independenten England's scharf ab, denn sie verwarfen auch die Synodal-Verfassung und Vertretung der Kirche und erklärten jede einzelne Gemeinde als gänzlich selbstständig (Congregationalisten). Der Kirchenstreit in England war also jetzt Streit um die Frage über die Verfassung der Kirche geworden.

Wo es sich um religiöse Ueberzeugung handelt, ist staatlicher Zwang übel angebracht. Leider sah Königin Elisabeth das in ihren Zeiten nicht ein. Inneren Frieden und Einheit des Glaubens und kirchlichen Lebens hat sie nicht erzwungen. Daß die königliche Würde dabei selber geschädigt wurde, hat sie nicht mehr inne werden müssen, wohl aber ihre Nachfolger. Sterbend haben von ihr zum Tode verurtheilte Puritaner noch für sie gebetet. Aber dem zweiten ihrer Nachfolger auf dem Throne, Karl I., kostete sein Beharren auf der Forderung der königlichen Oberhoheit auch in Religionssachen den Kopf. Unter seinem Vorgänger, Jacob I., verließen viele Puritaner, um der Verfolgung zu entgehen, die Heimath, und die Pilgerväter schifften 1620 nach Neu-England. Unter ihm schon traten andere entschiedene Gegner der Uebergewalt des Königthums auf, und hatten dazu unter der absolutistischen Willkühr seines Sohnes, der glaubte Steuern einführen zu können ohne Zustimmung des Parlaments und gar den Schotten die anglicanische Episcopalverfassung aufdrängen wollte, noch viel mehr Grund. Von dorther brach die große Rebellion aus. Das bedeutete Anfangs ein Uebergewicht des Presbyterianismus, nachher aber ging der englische Judependentismus unter Oliver Cromwell siegreich aus dem Kampf gegen den Absolutismus der Königsgewalt in Kirche und Staat hervor.

Es leuchtet ein, daß das Leben England's, der ganze gesellschaft-

liche Zustand, daß der Bestand von Kirche und Staat in jenen Zeiten
bis in die tiefsten Tiefen erschüttert war. Die Revolutionserregung
ging von einem Ende des Landes bis zum andern. Unter diesem
Drang und Sturm der Zeiten reifte das englische Volk der bürgerlichen und religiösen Freiheit entgegen. Solche stürmische Zeiten,
in denen Alles in Frage gestellt zu sein scheint und Tausende den
festen Boden unter den Füßen verlieren, sind nicht dazu angethan,
eine gesunde, besonnene, nüchterne Frömmigkeit zu erzeugen. Vielmehr sind sie geeignet, Einseitigkeiten, Extravaganzen, Ueberspan-
nungen hervorzurufen. Davon trug auch der damalige Puritanismus,
der so ganz mit der Politik der Zeit verwickelt worden war, die deut-
lichsten Spuren an sich. Und sie fehlen auch nicht an der seltsamen
Erscheinung, die damals in's Leben trat und jetzt uns beschäftigt,
am Quäkerthum.

Im Jahre 1624 im Monat Juli sah das Licht der Welt zu Dray-
ton in Leicestershire in England Georg Fox, der später nur noch
ein Auge für das innere Licht haben wollte und dadurch besonders der Stifter der Gesellschaft der Quäker, oder, wie sie sich selber
nennen, der „Freunde“ geworden ist. Seine Eltern,—der Vater,
Christoph, war ein Weber — gehörten zu der Kirche England's und
genossen wegen ihrer Ehrenhaftigkeit eines guten Namens. Die
Mutter, eine Marie Lago, stammte von Voreltern, die um
ihres Glaubens willen Verfolgung erduldet hatten. Ihr Sohn
Georg zeigte schon in jüngsten Jahren einen sehr ernsten Geist, war
viel in sich gekehrt, fand sich von dem Treiben der Welt um ihn
her und besonders von dem leichtsinnigen und wilden Wesen vieler
Erwachsenen sehr abgestoßen und faßte schon in seinen ersten Jahren
den Entschluß, daß er in Treue und Redlichkeit durch's Leben gehen
wolle, innerlich vor Gott, äußerlich aber auch vor aller Welt. Den
Eltern wurde der Gedanke nahe gelegt, ihn zum Amt in der Kirche
erziehen zu lassen. Sie gaben ihn jedoch in die Lehre zu einem
Schuhmacher, der nebenher allerlei Handel trieb, auch in Vieh.
Georg soll besonders gerne der Schafe gewartet haben und sein
Meister achtete ihn hoch.

Gerade in seinen Jugendjahren sah Georg auch in kirchlichen Dingen und im öffentlichen Gottesdienst Vieles, was geeignet war, ihn bei seiner eigenthümlichen Sinnesart der herrschenden anglicanischen Kirche zu entfremden. Statt der einfachen Predigt des Evangeliums wurde Vieles geboten, was eben äußere Ceremonie war. Die Leute wurden angewiesen, sich, wenn sie dem Altare in der Kirche nahe kamen, dreimal zu verneigen und dergleichen mehr. Solche Dinge gelten bekanntlich viel in der römisch-katholischen Kirche und schienen ihr in England wieder den Weg zu bahnen. Wer aber irgend bessere christliche Erkenntniß hatte, der wußte, daß das wahre Christenthum nicht in solchen Stücken besteht. Da nun vollends, als Georg Fox achtzehn Jahre alt war, der Kampf zwischen König Karl I. und dem Parlament begann und jene oben bezeichneten politischen Wirren und Kriege zwischen den Parteien der kirchlich und königlich Gesinnten auf der einen Seite und den Presbyterianern und dann den Independenten auf der anderen ausbrachen, da wurden Tausende irre und nahmen an dem ceremoniellen Kirchenwesen hier und an den barocken Kundgebungen eines formlosen religiösen Fanatismus, wie ihn besonders die Independenten sehen ließen, gleiches Aergerniß. Von Georg Fox aber wissen wir, daß er, einmal in eine Gesellschaft lustiger junger Leute hineingezogen, plötzlich sein Urtheil über ihr leichtsinniges Treiben aussprach, sie verließ, sich mehr und mehr von Jung und Alt abschloß und sogar seine eigenen Verwandten vermied. Mag ihm diese äußerliche Absonderung von der Welt damals Bedürfniß gewesen sein und zeugt sie auch für seinen ernsten Sinn, so brachte sie ihm Gefahren von der anderen Seite her. Er zog nun am 7. Sept. 1643 nach Lutterworth, später nach Northampton, dann nach Newport-Pagnel in Buckinghamshire und kam im Monat Juni 1644 nach Barnet. Bei seiner vereinsamten Lebensweise las er fleißig die hl. Schrift, hielt es für seine Pflicht, viel zu fasten, erlebte mancherlei innere Versuchungen, kam bei einem Aufenthalt in London in Berührung mit Baptisten, fühlte sich indessen auch da nicht angezogen, erkannte es als

Unrecht, sich seinen nächsten Verwandten entzogen zu haben, kehrte zu ihnen um, blieb aber eigenthümlich, wie er einmal war. Den Rath, zu heirathen, wies er ab. Noch weniger war er in den damaligen Kriegszeiten für das Heer zu gewinnen. Er kam auch oft in's Gespräch mit Predigern, besonders der anglicanischen Kirche. Aber was sie ihm über das Wesen christlicher Frömmigkeit sagten, erschien ihm gar oberflächlich und ungeistlich. Daß Einer zu Oxford oder Cambridge Student gewesen war, schien ihm noch lange nicht den wahren Geistlichen zu machen, und daß die Lente in die Kirche gingen, noch lange nicht die wahren Christen. Es kam nun dahin, daß er selber den öffentlichen Gottesdienst nicht mehr besuchte, sondern seine Erbauung im Alleinsein hielt. Seine Verwandten wurden dadurch beunruhigt, er wußte aber immer ein Bibelwort zu seiner Rechtfertigung anzubringen. Ja, er kam zu der Ansicht, daß man überhaupt keiner Kirchen und Kirchengottesdienste bedürfe, der Herr könne selber Jeden lehren. So kam der Sonderling mehr und mehr in höchst einfältige, absonderliche Ideen hinein, er machte sich auch das Studium der Offenbarung St. Johannis zur Aufgabe und glaubte, daß ihm specielle Eröffnungen in göttlichen Dingen zu Theil geworden seien.

Es scheint, daß Georg Fox im Jahre 1647 anfing, Anhänger für seine besonderen Ansichten zu gewinnen und zwar in Derbyshire, Peak Country und Nottinghamshire. Es war damals gar viel Fragens davon, was die Wahrheit, das Wahre sei, und so hieß es bald da, bald dort, da sei Christus. Auch Georg Fox machte Eindruck auf Manche. Aber es war in ihm selber keine Klarheit. Er lief oft Nächte lang umher, saß in der Einsamkeit in hohlen Bäumen und sah in der ganzen Kirche und Geistlichkeit weit und breit nichts Gutes mehr und stellte sich selber Allen gegenüber. Er gehörte zu keiner der vorhandenen Glaubensparteien und riß sich auch wieder von Eltern und anderen Verwandten los. Auch sein Aeußeres deutete den Sonderling an, denn Jahre lang trug er nur Kleider ganz von Leder verfertigt. Sie schienen ihm das Einfachste zu sein und bei ihrer Dauerhaftigkeit hatte er nicht oft zu wechseln. Die Lente nannten ihn den Ledermann. Für sein inneres, geist= liches Leben glaubte er nun Alles unmittelbar von Christus zu gewinnen. Ja sogar die Bibel schien ihm nicht mehr so sehr ein Bedürfniß. Sie galt ihm eben als ein Zeugniß für das, was er schon durch unmittelbare Eingebung, durch das „innere Licht" habe. Da war der Mann schon in den Fallstrick gegangen. Denn das war ja die größte Gefahr, daß er seinen eigenen Geist und eigne natürliche Gedanken mit dem Geiste und dem Wort und der Wahrheit Christi verwechselte. Der erste Schritt zum Abfall vom Wort Gottes war geschehen und später sind höchst irrthümliche Ansichten und sogar der grasseste Abfall von der Offenbarung Gottes in Christo unter den Quäkern eingerissen. Der Keim dazu ist schon bei G. Fox zu suchen.

In diesem Glauben an die Entbehrlichkeit jeder andern göttlichen Wahrheitsquelle gegenüber der inneren Eingebung, dem inneren Lichte, fing nun G. Fox an zu predigen, und zwar zuerst in Dur= hamfield und Manchester. Bald trat er auch in Broughton in Lei= cestershire in einer Baptistenversammlung auf, dann in Nottingham= shire und in Mansfield. Und da und dort erregte er Aufmerksam= keit und gewann Anhänger, die mit mehr oder minder Verständniß in seine Gedanken eingingen.

Leicht begreiflich ist, daß es G. Fox frühe genug nicht an Gegnern fehlte. Sein eigenthümliches Auftreten hatte den Reiz der Neuheit, und wo er hinkam, verließen Viele ihren bisherigen Kirchengottes= dienst und liefen ihm zu. Besonders aber fühlten sich Manche, in denen ein lebendigeres religiöses Gefühl war, von ihm angezogen, und sie verließen ihre bisherigen Gemeinschaften. Redete er doch mit wundersamem Eifergeist in der Art der alten Propheten. Er trat bisweilen auf in Versammlungen von Geistlichen verschiedener Parteien. Die losen Zustände jener Jahre gaben ihm Freiheit. Aber die Freimüthigkeit, mit der er Alles angriff, was in seine Mei= nung nicht paßte, und Alle strafte, die er auf bösem Wege sah, mußte

ihm Feindschaft bringen, obwohl Niemand Grund hatte, an der Red=
lichkeit seiner Absichten zu zweifeln. Es kamen aber noch andere
Dinge hinzu, die Anstoß erregten. Er fing an, „auf Befehl des
Herrn" vor Niemand, weder Hohen noch Niederen, den Hut abzu=
nehmen. Er redete unterschiedslos Jedermann mit Du an. Er
bot Niemand je Guten Morgen oder Guten Abend. Er sah in dem
Allem Schmeichelei und Heuchelei, und verwarf darum alle diese
„weltförmigen" Anstandszeichen. Natürlich vergaß er ganz, daß
auch die Formlosigkeit Form und todtes, äußerliches Gesetzeswesen
werden, sich gar allerlei dahinter verstecken und man bald auch in
ihr wieder das Wahre suchen mag. Und auch darin fand er Nach=
ahmer genug, freilich machte er mit dergleichen Dingen seine Sache
Vielen bald ärgerlich, bald lächerlich.

G. Fox sah sich indeß sehr ermuthigt und wurde kecker. An aller=
lei Ungewöhnliches auf religiösem Gebiet war man damals auf eng=
lischem Boden gewöhnt, namentlich durch fanatische Independenten.
Fox ging nun in die Gerichtshäuser und mahnte die Richter, gerecht
zu richten; er ging in Trinkhäuser und bestrafte die Unmäßigkeit.
Er forderte auf öffentlichem Markte die Käufer und Verkäufer auf
zur Ehrlichkeit. Aber der Klang einer Kirchenglocke war ihm so
ärgerlich wie der Anblick eines Kirchbaues ("steeple-house"). So
einseitig war er schon geworden. Alles mußte an seinem höchst per=
sönlichen, engherzigen Wesen lieblos gemessen werden. Und was
dem nicht entsprach, daran erkannte und ließ er nichts Gutes.

Einst kam er an einem Sonntag zu Nottingham in die Kirche.
Schon war sein Innerstes angefeuert. Da hört er den Prediger
nach 2. Pet. 1, 19 sagen, daß alle Lehre und Meinung und Religion
an der Schrift müsse geprüft werden. Da schrie er in die Versamm=
lung hinein: Nein, nicht die Schrift, sondern der h. Geist, durch
welchen die heiligen Männer Gottes geredet haben! Damit aber
widersprach er dem Text „von dem festen prophetischen Wort" selber,
auf das wir trauen sollen. Er fuhr fort zu reden, aber wurde er=
griffen und in's Gefängniß geworfen. Natürlich war dies nicht der

Weg, ihn eines Besseren zu überzeugen. Ihm aber gelang es nach=
her vor Gericht, mit seinen feurigen Worten seine Richter umzustim=
men. Ja, bald fingen Leute, die ihm feind gewesen, selber an in
den Straßen zu predigen und schwärmerisch ein vorübergehendes Feuer
in den Gemüthern erzeugen. Die Folge war, daß G. Fox von der
Obrigkeit in's Gefängniß eine geraume Zeit gelegt wurde. Allein
er fing alsobald wieder an im gleichen Geist zu zeugen und zu wir=
ken an verschiedenen Orten England's. Endlich wurde er in Derby
wieder ergriffen und zu sechs Monaten Gefängniß mit einem An=
hänger am 30. October 1650 verurtheilt. Als einer seiner Richter,
ein Independent, hörte, wie G. Fox ihn aufforderte, von dem Wort
aus Gottesmund zu zittern, da nannte er ihn und seinen Anhang
zum Spott Quäkers, Zitterer. Und dieser Name ist ihnen
geblieben. Andere wollen freilich den Namen ableiten von einem
gewissen nervösen Erzittern, das man an vielen Quäkern während der
Augenblicke ihrer höchsten geistlichen Ergriffenheit wahrnahm. Aus
seinem Gefängniß schrieb G. Fox, der freilich im Ganzen wenig
literarische Bildung hatte, an die Obrigkeit und an die Geistlichkeit
zu Derby. Von der letzteren forderte er, daß sie ihren Dienst ohne
irgend dafür von denen, für die sie Zeit und Kräfte hergaben, etwas
anzunehmen thun sollten und auch dabei ging er weit über das Wort
Gottes hinaus. 1. Cor. 9, 14. Gal. 6, 6. Aber er besonders gab An=
laß, daß viele Quäker bis auf den heutigen Tag von den Geistlichen
anderer Denominationen nur als von „gemietheten Pfaffen" reden,
was gewiß ganz gegen die Liebe des Nächsten ist, welche die Quäker
sonst so sehr in den Vordergrund stellen. Mag es Diener der Kirche
geben, welche ihr Amt führen „um schnöden Gewinn's willen," so
muß man doch nicht den ganzen Stand also verurtheilen.

In derselben Stadt Derby sollte G. Fox im Jahre 1650 in
Kriegsdienste treten, was er gemäß seinen Grundsätzen verweigerte.
Er wurde sofort abermals gefangen gesetzt und zwar in Gesell=
schaft des elendesten Gesindels. Er ertrug es aber geduldig und
versuchte einen bessernden Einfluß auf seine Umgebung auszuüben.

Aus dem Gefängniß im Jahre 1651 entlassen, durchzog er Städte und Dörfer in England und trat überall als ein rechter Bußprediger auf. In York fing er nach dem gewöhnlichen Gottesdienst in der Kathedrale an zum Volk zu reden, wurde aber hinausgeworfen. Aehnliches widerfuhr ihm an andern Orten. Gleichwohl fehlte es ihm nirgends an Leuten, die ihm zufielen. Gerade der Ernst mit dem er auftrat, und der Muth, mit dem er ohne irgend eine Rücksicht auf sich selbst Allen ihre Sünden vorhielt, verfehlten nirgends einen Eindruck zu machen. Niemand konnte die ungewöhnliche Begabung des Mannes leugnen. Bald aber fand sich die Gabe der Predigt auch bei einzelnen seiner Freunde und diese breiteten die Sache, für welche G. Fox arbeitete, weiter aus, so daß nach und nach die Quäker eine über ganz England verbreitete und damals bedeutende Partei wurden. Schon im Jahre 1654 zählte man mehr als sechzig Quäkerprediger. Gerade auch Haß und Verfolgung, woran es nicht fehlte, gewann ihnen die Achtung und Theilnahme Vieler. Namentlich auch in London fanden die Quäker eine offene Thüre. Bald hatten sie in der großen Stadt ihr erstes Versammlungslocal in Aldersgatestraße. Verschiedene andere wurden nachher eröffnet. Oft kamen die Leute zusammen und kein Wörtlein wurde geredet. Bisweilen aber trieb der Geist, wie sie sagen, Diesen oder Jenen, daß er reden mußte. Oliver Cromwell, seit 1654 mit dem Titel Protector Herr über England, sprach in einer Verhandlung im Parlament selbst es aus, daß „Gewissensfreiheit in Religions= sachen ein Fundamentalartikel sei" und schien damit auch aller Ver= folgung der Quäker entgegenzutreten. Aber den Presbyterianern zu Gefallen, deren Gunst er gewinnen wollte, drückte er doch zu vielen Gewaltthätigkeiten gegen die Quäker das Auge zu. Freilich brach der Geist des Fanatismus um jene erste Periode des Quäker= thums oft in wilder, stürmischer und wahrhaft anstößiger Weise aus. Halbnackt stürzten je und je Männer und selbst Weiber mit Mahn= rufen und Bußgeschrei durch die Straßen der Städte. Dies kam vor selbst in London. Sie riefen auf diesem Wege selbst die Reaction in die Schranken. Viel schlimmer aber gestaltete sich die Lage der Quäker nach der Restitution des Königsthums unter Karl II.

Wir werden G. Fox in der Geschichte William Penn's wieder begegnen. Hier aber seien noch einige allgemeine Bemerkungen über die Quäker beigefügt.

Im Quäkerthum erkennen wir eine Rückwirkung gegen ein äußerliches, todtes, ceremonialistisches, ungeistliches Kirchenthum und gegen ein phrasenhaftes, in der Vermischung mit der Politik in stürmischer Zeit veräußerlichtes Christenthum, das sich am Ende nur durch fromme Redensarten von Welt und Weltgeist schied. Eine Reaction dagegen war nöthig. Aber daß die Quäker nun gerade auf's andere Extrem gingen und lauter „Geist" sein und alles in ihrer Art vergeistigen wollten, war ebenso bedenklich. Ihr Radicalismus ist darum endlich recht grundstürzend gegen die fundamentalen Wahrheiten des Christenthums aufgetreten und darin fehlte ihnen der feste Boden von Anfang. Indem sie jedes Glaubensbekenntniß als formulirte Lehre verwarfen, wurden ihnen alle Glaubenswahrheiten unsicher und schwankend. Man bekennt freudig, was man sich im Glauben fest angeeignet hat. Indem sie auf das innere Licht so viel Gewicht legten, hoben sie den Unterschied zwischen geoffenbarter und natürlicher Erkenntniß auf. Am Ende hatte auch ein Heide nichts nöthig, als daß er seinem „innern Licht" folgte und Christus selber war im Grunde was wir auch sind, nur war das innere Licht in ihm stärker. So lehrte seit 1822 der amerikanische Quäker Elias Hicks und fand Zustimmung genug. Diesem inneren Licht gegenüber trat auch bei den Quäkern von Anfang an das Wort Gottes, wie es in Schriften steht, ganz in den Hintergrund, weil es an sich nur etwas Aeußerliches sei. Da wurden dann auch Taufe und Abendmahl als äußerliche Dinge abgeschafft; wer dem inneren Lichte folge, bedürfe dergleichen nicht. Warum hat aber unser Herr Christus sie zu halten befohlen? Diese Verachtung des Aeußerlichen scheint andeuten zu wollen, daß alles Aeußerliche, Sichtbare an sich nicht gut sei und nicht der Träger himmlischer, geistlicher Gnadengabe sein könne. Und doch hat sich „das höchste Gut in unser armes Fleisch und Blut gekleidet." Das Irdische und das Himmlische sollen zusammengehen und jenes durch Aufnahme in dieses nicht abgethan, sondern geheiligt und verklärt werden. Auch die ganze Bedeutung des Versöhnungswerkes wird verkannt, wenn man den äußeren Vorgang als solchen sich nur vergeistigen, nur zum Vorbild für unser eigenes Bestreben machen und in ihm nicht den Grund unserer Versöhnung mit Gott sehen will.

Das sind also große Irrthümer, in welche die Quäker mit ihrer Lehre vom inneren Licht fielen und mit ihrer Geringschätzung des geoffenbarten Wortes. Sie glaubten, die Reformation des vorhergehenden Jahrhunderts in Deutschland und anderen Ländern sei auf halbem Wege stehen geblieben und finde erst durch sie ihre Vollendung. Aber in ihrem Radicalismus haben sie weit über das Ziel hinausgeschossen und wahrlich den ganzen Bestand des Christenthums gefährdet, freilich ohne das zu beabsichtigen.

Nun aber ist es Zeit, daß wir zu William Penn zurückkehren.

Kapitel III.

Wm. Penn von Oxford verwiesen und dann aus dem elterlichen Hause. — Reise nach Paris, Saumur und Turin. — Studium der Rechtswissenschaft (1665). — Reise nach Irland. — Engere Verbindung mit den Quäkern (1667).

ir wissen, daß William Penn sich als Student in Oxford befand. Hatte er nun schon früh, besonders in der Schule zu Chigwell, religiöse Eindrücke empfangen, so wurden diese jetzt erneut und verstärkt. Dazu trugen besonders bei die Predigten eines wohlbekannten Quäkers Thomas Loe, der auf seinen Reisen auch nach Oxford kam, welcher Bildungsstätte er früher selbst angehört hatte. Eigenthümlich wurde Wm. Penn in einer Versammlung der Quäker ergriffen. So jung er war und so heiter ihm, dem Sohne eines hochstehenden und reichen Mannes, die Welt entgegenlachte, so wurde er überzeugt, daß die Meisten, die Christen hießen und äußere Formen der Frömmigkeit mitmachten, von der Einfalt und dem Ernst des Christenthums sehr weit entfernt waren. In dem Entschluß, ein göttliches Leben in der Welt zu führen, wurde er bestärkt durch etliche Gesinnungsgenossen unter den Studenten. Den vollen Ernst der Sache drückten sie zunächst dadurch aus, daß sie sich dem Gottesdienst der bestehenden Kirche entzogen und unter sich Versammlungen zu Gebet und gegenseitiger Ermahnung hielten. Die Folge war, daß sie von Oxford ausgewiesen wurden. Mitgewirkt hatte, daß sie sich einer Verordnung Karl's II., daß

Studenten ein besonderes Kleidungsstück (*surplice*) tragen sollten,
widersetzt und ihrem Widerspruch, wie es scheint, einen besonders
starken Ausdruck gegeben hatten.

Als Wm. Penn sofort heimkehrte, blieb die Veränderung seines
Wesens nicht unbemerkt. Er wollte an heiterem Spiel und dem ganzen
frivolen Treiben der Jugend und der vornehmen Welt keinen An=
theil nehmen. Statt dessen suchte er den Umgang mit frommen,
in der Stille lebenden Seelen. Mancher Vater hätte sich über eine
solche, nicht eben sehr häufig anzutreffende Gemüthsrichtung seines
Sohnes, gefreut. Nicht so Penn's Vater, der Admiral. Der sah
darin ein krankhaftes, melancholisches Wesen. Er wollte aus seinem
Sohne einen Weltmann machen, dem die Thore der Hohen und
Vornehmen offen stehen und auf den nach seiner gesellschaftlichen
Stellung Aemter und Ehren warten sollten. Alle diese Aussichten
zerstörte ihm nun die Kopfhängerei, in welche sein Sohn hineinge=
rathen war und, wie der Vater dachte, sich damit selbst den Weg
seines Lebens verderbte. Anfangs suchte er ihn durch allerlei Be=
weise zu überreden und umzustimmen. Als aber dies nicht anschlug,
ließ er ihn empfindlich seine Härte und väterliche Obergewalt empfin=
den und zuletzt trieb er ihn aus seinem Hause. Indessen hielt der
Zorn des Admirals nicht allzulange an. Konnte er auch bisweilen
heftig ausbrechen, so war der Mann doch im ganzen gutherzig und
in diesem Verhältniß der Trennung wollte er doch zu seinem Sohne,
seinem einzigen Kinde, nicht in die Länge stehen. Zudem hatte die
Mutter ihr Recht, manches gute Wörtlein dazwischen zu reden, und
machte guten Gebrauch davon. So durfte denn der junge William
bald wieder unter das väterliche Dach zurückkehren. Innerlich gab
der Vater darum den Gedanken nicht auf, den Sohn auf andere
Gesinnung zu bringen. Er glaubte seiner Sache am sichersten zu
sein, wenn er denselben seinen bisherigen Umgebungen ganz entziehe
und ihn unter völlig neue Einflüsse stelle. So sandte er ihn nach
Frankreich. Das war ja das Land der heiteren Lebenslust
und der feinen, weltmännischen gesellschaftlichen Formen. Dort

sollten ihm seine Grillen wohl bald vergehen und ein anderer Mensch aus ihm werden.

So zog denn Wm. Penn in Gesellschaft einiger vornehmer Leute, die auf Reisen gehen wollten, zunächst nach Paris. Das war die Stadt, in der einem achtzehnjährigen vornehmen jungen Manne das Herz für die Welt und ihre Herrlichkeit leicht aufgehen mochte. Mancher hätte sich's wohl auch zu Nutzen gemacht und wäre sittlich und leiblich darüber zu Grunde gegangen. Daß Wm. Penn an dem Treiben der damaligen Pariser Welt besondere Freude hatte, wird uns nirgends erzählt. Berichtet aber wird, daß er vielleicht durch ein offenes Wort sich einen Mann zum Feinde machte, der ihn mit dem Schwert auf der Straße im Dunkel des Abends angriff. Der junge Penn aber wehrte sich nicht nur, sondern entwaffnete auch seinen Gegner und hatte Gewalt über dessen Leben, ließ ihn aber laufen.

Es scheint, daß Wm. Penn sich überhaupt von Paris und seinem Weltwesen wenig angezogen fand. Er blieb nur kurze Zeit daselbst und hielt sich dann mit Reisegenossen mehrere Monate in den Jahren 1662 und 1663 in der Stadt Saumur auf, wohin ihn besonders der Ruf des calvinischen Theologen Moses Amirald, der durch Gelehrsamkeit und Frömmigkeit hervorragte, geleitet hatte. Amirald, der 1664 starb, hatte die Protestanten in Frankreich auch vor Ludwig XIV. vertheidigt. Werke von ihm wurden mehr als einhundert Jahre später selbst in Deutschland wieder aufgelegt. Damals — es war die Anfangszeit der langen, unheilvollen Regierung Ludwig XIV. — genossen die Protestanten unter dem Schutz des Edictes von Nantes vom Jahre 1598, welches die Reformirten sich in acht Kriegen errungen hatten, ziemliche Ruhe, die freilich später ihnen zerstört wurde, besonders als Ludwig XIV. im Jahre 1685 jenes Ediet aufhob, viele Tausende der Reformirten, damit größtentheils seine besten, gewerbfleißigen Unterthanen aus dem Lande trieb und die zurückbleibenden höchst grausam verfolgte.

Wm. Penn machte sich den Umgang jenes ausgezeichneten Theo=
logen, dessen Schriften damals sehr hoch geschätzt wurden und der
als Lehrer bedeutenden Einfluß auf die Jugend ausübte, wohl zu
Nutzen. Er sammelte manche theologische und geschichtliche Kennt=
nisse, die ihm später zu statten kamen, und machte sich namentlich
auch mit dem Französischen vertraut.

Von Saumur aus begab sich Wm. Penn nach Italien. Er war
aber nur nach Turin in Ober=Italien gekommen, als ihn ein Brief
seines Vaters zurückrief. Dies war im Jahre 1664. Sein Vater
hatte unter dem Herzog von York, späterem König Jacob
II., den Oberbefehl über die Englische Flotte gegen die Holländer
zu übernehmen. Er übertrug dem Sohne, der ihn nur für wenige
Tage zur Flotte begleitet hatte, die Fürsorge für die Familie
während seiner Abwesenheit. Und der Vater glaubte die Entdeckung
zu machen, daß er den Sohn in Frankreich für den Umgang mit der
Welt und für die Verhältnisse des Lebens wirklich gewonnen habe.

Wm. Penn widmete sich damals auch dem Studium der Rechts=
wissenschaft, besonders mit Beziehung auf die Gesetze England's und
wurde ein Student von Lincoln's Inn in London. Er war dort
etwa ein Jahr beschäftigt, als die Verheerungen der Pest die Welt=
stadt heimsuchten und wie viele Tausende verließ auch Wm. Penn
dieselbe. Dies geschah im Jahre 1665, in welchem er 21 Jahre
alt und somit majoren wurde.

Schon im Frühjahr 1666 wartete seiner eine neue Aufgabe. Von
der Flotte zurückgekehrt, versuchte sein Vater den in der hohen Gesell=
schaft gerne gesehenen Sohn auf der Bahn der Ehre und des Ruhmes
vorwärts zu bringen. An allerlei Versuchungen für denselben,
weltförmig zu werden, konnte es unter den Umständen ja nicht
fehlen. Aber die Grundgesinnung stand in Wm. Penn fest. Die
Scheinherrlichkeit der Welt vermochte das Bedürfniß seiner Seele
nicht zu stillen. Die empfangenen Eindrücke waren zu tief und sein
Gemüth zu ernst und er stand somit doch im factischen Widerspruch
gegen den Geist und die Absichten seines Vaters. Um nun eine

stärkere Gegenwirkung dagegen auszuüben, sandte ihn sein Vater nach Irland an den glänzenden Hof des Herzogs von Ormond, Lord Lieutenants von Irland. Auch hier öffnete ihm der Name seines Vaters die Thore und seine eigenen Eigenschaften und sein ganzes Auftreten gewannen ihm Achtung. Ja, der Ausbruch eines Aufruhrs unter der Garnison von Carrickfergus gab dem jungen Penn Gelegenheit, seine Energie und seinen Muth so glänzend zu beweisen, daß der Herzog ihm eine Hauptmannsstelle im Heere anbot, ein Anlaß, dessen sein Vater sich freute. Um jene Zeit wurde das einzige schöne Bild des jungen Mannes gemalt, zu dem er in seinem Leben saß. Er erscheint in demselben im Stahlgewand des Kriegsmanns seiner Zeit. Eine Copie dieses Bildes ist im Saale der historischen Gesellschaft von Pennsylvanien in Philadelphia zu sehen.

Admiral Penn war in den Besitz bedeutender Landstücke im County Cork im Süden von Irland gekommen. Er übertrug nun die Oberaufsicht über diese Güter seinem Sohne. Und er war mit dessen Geschäftstakt und Tüchtigkeit so wohl zufrieden, daß er glaubte, unter vielerlei geschäftlichen Sorgen und in ganz anderer Umgebung werde eine Umstimmung des Sohnes sich nach und nach von selbst vollziehen. Hierin aber täuschte er sich gründlich und allerdings durch das Eingreifen einer weit höheren Hand.

Während Wm. Penn sich in Cork aufhielt, traf dort auch ein der Quäkerprediger Thomas Loe, von welchem er einst in Oxford tiefe Eindrücke empfangen hatte. Wm. Penn ging in die dortige Quäkerversammlung. Anfangs war Alles stille. Dann aber erhob sich Thomas Loe mit den Worten: „Es giebt einen Glauben, der die Welt überwindet. Aber es giebt auch einen Glauben, der von der Welt überwunden wird." Ueber dieses Thema redete er nun in höchst eindrucksvoller Weise. Wm. Penn konnte jedes Wort auf seine eigene Lage anwenden. Es war so—die natürlichen Neigungen und Begierden standen mächtig dem stillen Zug des Geistes und der Gnade gegenüber. Noch hatte auch er den weltüberwindenden Glauben nicht gefunden. Was er aber vernommen und empfangen hatte, gab ihm neue Impulse. Von jetzt an besuchte er die Versammlungen der Quäker regelmäßig. Es war ihm gewiß, daß der Herr ihn von Stufe zu Stufe in die vollere Erkenntniß geführt hatte, bis die Eitelkeit des weltlichen Treibens und die Hohlheit dessen, was man gewöhnlich für Frömmigkeit ausgab, klar vor seiner Seele lag. Er bekannte, daß er den bezaubernden Mächten der Welt gegenüber keineswegs unempfindlich gewesen sei, aber der Kampf gegen die Neigungen und Gedanken des eigenen Herzens sei doch das schwerste gewesen.

Von dieser Zeit an, vom Jahre 1667, datirt sich die engere Verbindung zwischen Wm. Penn und den Quäkern.

Kapitel IV.

Wm. Penn in Cork verhaftet. — Brief an Lord Orrery und Befreiung. — Zweite Ausweisung aus dem Elternhause. — Kirchlich-politisches Treiben in England. — Karl II. — Bedrückung aller Dissenters. — Innere Ausgestaltung des Quäkerthums. — Rob. Barclay. — Quäker verfolgt durch Puritaner.

Der Schritt, welchen Wm. Penn that, indem er sich den Quäkern anschloß, war folgenreich für sein Leben und seine ganze Stellung der Welt gegenüber. Er war es aber auch für viel weitere Kreise.

Wm. Penn hatte, als er jenen gerade damals gehaßten und verfolgten Leuten sich anschloß, nicht nur der vorübergehenden, schnell aufwallenden Erregung des Gefühls gefolgt. Er wußte recht wohl, daß er sich den Weg des Lebens nicht leicht mache, wenn er ihn als Quäker gehen wolle. Er hatte schon Erfahrung davon gemacht, daß ihm Haß und Bitterkeit der Welt nicht ausbleiben könne. Was er vom Spott vieler Mitstudirenden zu Oxford, was er um seines Hanges zur Innerlichkeit und Weltflüchtigkeit willen im elterlichen Hause erfahren, deutete an, was ferner seiner wartete. Er war in eine ernste Schule des Lebens in frühen Jahren eingetreten. Ernstere Aufgaben warteten seiner. Daß ein junger Mann, der, wenn er wollte, den Lustpokal der Weltherrlichkeit in vollen Zügen trinken konnte, das verschmähte und dem Weltglanz entsagend sich an eine um ihres barocken Wesens und um ihres Glaubens willen

(30)

verhaßte und verspottete Secte anschloß, das war, wie viel auch Irrthum in der Lehre und Mangel an Verständniß des wahren Wesens des Christenthums nebenher lief, ein laut redendes Zeichen, daß Wm. Penn mit ernster Seele Gott suchte und daß seiner Seelen Seligkeit ihm mehr werth war, als der Glanz der Welt und der Beifall ihrer Kinder. Er wußte, daß ihm der Weg werde reichlich mit Dornen besäet werden. Aber er wußte auch, daß man Gott mehr fürchten muß als die Menschen.

Es war am 3. September des Jahres 1667, als Wm. Penn in der Stadt Cork einer Quäkerversammlung beiwohnte. Hier wurde er nun mit anderen Anwesenden plötzlich arretirt und vor den Mayor (Oberbürgermeister) der Stadt gebracht. Die Verhaftung geschah auf Grund einer Acte vom Jahre 1660, welche tumultuöse Versammlungen verbot. Es ist kein Grund vorhanden anzunehmen, daß die Versammlung tumultuös gewesen sei. Allerdings zehn Jahre zuvor ging es bisweilen in solchen Zusammenkünften stürmisch und leidenschaftlich genug her. Damals waren die Quäker von einem fanatischen Eifergeist gegen die bestehende Gesellschaft und die Welt ergriffen. Aber jenes wilde Feuer war jetzt so ziemlich ausgebrannt. Als nun Wm. Penn mit den Andern vor dem Mayor stand, fiel diesem auf, daß er keine Kleider nach dem Styl der Quäker trug. Er wollte ihn auf Bürgschaft gesetzlichen Verhaltens losgeben. Dies wies Wm. Penn mit Entschiedenheit zurück und wanderte mit achtzehn Anderen in's Gefängniß. Von da schrieb er an Lord Orrery, Präsidenten des Königl. Rathes zu Münster, Hauptstadt der südwestlichen und größten Provinz Irlands, und verlangte seine Freilassung und die seiner Mitgefangenen.

Es finden sich in diesem Schreiben einige Gedanken, die bemerkt zu werden verdienen. Penn sagt, daß seine religiöse Ueberzeugung ihm zu Beidem ausschlage — zum Verbrechen und zur Unschuld. Er wisse sich als Gefangener erst recht frei. Jene Proclamation von 1660, auf welche der gar zu diensteifrige Mayor eigentlich nur

zum Vorwand für seine gehässige Gesinnung sich berufe, lasse in
diesem Falle durchaus keine Anwendung zu. Allerdings, wer von
der vom Staat approbirten Kirche abweiche, der gelte vor dem Ge=
setze als Ketzer. Aber da liege eine so vulgäre und unwahre Maxime
zu Grunde, daß Lord Orrery darüber sicher erhaben sei, der wisse,
daß Abweichungen in der Glaubenslehre und den Formen des
Gottesdienstes die Sicherheit des Staatswesens keineswegs in Ge=
fahr bringen.

Hiermit hat Wm. Penn bereits einen Grundsatz angedeutet, für
dessen Anerkennung er jahrelang kämpfte und den er im Wesentlichen
nach mehr als zwanzig Jahren zum Sieg durchdringen sah in der
Gesetzgebung England's, nämlich die r e l i g i ö s e D u l d u n g, das
Recht der Gewissensfreiheit, anerkannt im bürgerlichen Leben.
Aber um dieser Gedanken willen wartete seiner eine schwere
Prüfungszeit. Indessen wurde er aus dem Gefängniß entlassen.
Der Zusammenhang mit den Quäkern war aber fester geworden.

Sein Vater, der von diesen Dingen Kunde erhielt, rief ihn zurück
nach England, fand an ihm wenigstens noch nicht die Quäkerkleider,
wohl aber bald genug deren ganze Denkungsweise. Es kam zwischen
ihm und dem Sohne zu einer Erklärung, die schmerzlich genug war
für beide Theile. Der Sohn bekannte seine Ansichten frei und
ebenso die Unmöglichkeit, dieselben, trotz aller Ehrerbietung vor dem
Vater, ändern zu können. Der Vater, dem die Förderung seines
Sohnes auf den Weltwegen am Herzen lag, hielt es für milden
Wahnsinn, daß derselbe sich zum Quäkerthume bekenne. Letzterer
erhielt Bedenkzeit, die er unter Fasten und Beten wohl benützte. Es
mag ihm schwer gefallen sein, dem Vater zu bekennen, daß er seine
Gesinnung nicht ändern könne. Der Vater, der diesen Widerspruch
gegen seine so wohl gemeinten Ansichten und Absichten nicht verstehen
konnte, sandte den Sohn im Unwillen aus seinem Hause. Nach
einiger Zeit duldete er ihn indessen, wohl zum Theil unter dem
milden Einfluß seiner Gattin, wieder im Hause, enthielt sich aber des
Umganges mit ihm.

Fortan wohnte nun Wm. Penn den Versammlungen der Quäker regelmäßig bei. Allerdings hatten auch diese selbst eine gewisse Wandlung durchgemacht und hatten sie auch an ihren leitenden Grundsätzen im Wesentlichen nichts geändert, so war in der Art und Weise, dieselben zur Geltung zu bringen, Manches anders geworden. Zwar war die Absicht einer Wirkung in das politische Leben hinein dem Quäkerthum und seinem Stifter Georg Fox von Anfang an ganz ferne gelegen. Aber in der Zeit Cromwell's und der Republik war religiöse und politische Aufregung so Hand in Hand gegangen, daß keine Partei überhaupt irgend Etwas zu gelten hoffen konnte, die nicht mit dem religiösen auch ein politisches Programm oder doch gewisse politische Tendenzen verband. Die Presbyterianer hatten zunächst im Anfang der Revolution die staatskirchlichen Episkopalisten zurückgedrängt. Nachher mußten auch sie den fanatisirten Independenten weichen. Bald aber spielten auch diese ihre politische Rolle aus und machten den Quäkern Platz, die gegen das Ende der fünfziger Jahre hin mit wildem, stürmischem Geist und zum Theil in höchst extravaganten und anstößigen Manieren auftraten — Tausende in Stadt und Land wurden von ihnen fanatisirt — und doch gemäß ihrer eigenen Grundsätze mit keiner Art von äußerlicher Gewalt auftreten konnten, um dem Lande politische Ruhe und Sicherheit zu verschaffen. Kurzum—die Republik hatte sich in dem grundconservativen England bald überlebt. Ueberall im Volke machte sich das Bedürfniß geltend, einen festen Bestand des bürgerlichen und gesellschaftlichen Lebens wieder hergestellt zu sehen und auf diese Weise war trotz Widerwillens von einzelnen Seiten im Ganzen dem König Karl II. der Weg auf den Thron nicht eben sehr schwer gemacht. Mit ihm aber kam die Aristokratie England's und das mit ihr so eng verwachsene bischöfliche Kirchenthum wieder oben an. Letzteres strebte wieder auf ausschließliches Recht hin. Schon 1661, ein Jahr nach der Restauration, erschien die Corporationsacte, nach welcher die Anerkennung des Supremats des Königs über die Kirche und Empfang des h. Abendmahls in einer bischöflichen Kirche Bedingung für

3

den Eintritt in irgend ein bürgerliches Amt oder eine Corporation waren. Allerdings hatte sich im Verhältniß zwischen der bischöflichen Geistlichkeit und den Andersgesinnten, den Dissenters, in den schweren Erfahrungen der Zeit Manches geändert und gemildert. Viele waren der religiösen Streitigkeiten müde, ja überhaupt religiös indifferent geworden und mußten sich zu accommodiren. Andere waren im Ernst der Zeit selbst ernster, tiefer, dogmatisch weniger spitzig, religiös aber wärmer geworden. Davon zengen auch Gesell= schaften zur Förderung der christlichen Erkenntniß und zur Verbreitung des Christenthums, wie sie noch gegen das Ende jenes Jahrhunderts in England zu wirken begannen.

König Karl II. war persönlich ohne irgend ein religiöses Inter= esse. „Nicht so viel beten, aber mehr zahlen" hatte er einmal dem holländischen Gesandten gesagt. Das bezeichnet den Mann. Was ihm anlag war seine königliche Gewalt. Alles Andere war ihm dazu nur Mittel. Wenn im Jahre 1662 am 19. Mai die Unifor= mitätsacte erlassen wurde, welche nur Denen den Zutritt auf eine englische Kanzel und Ausübung irgend eines geistlichen Amtes gestat= tete, welche von einem Bischof ordinirt waren und die bischöflichen 39 Artikel unterschrieben hatten, so war damit der Todesstreich gegen alle Dissenters und Puritaner gemeint. Mehr als Zweitausende ihrer Geistlichen mußten ihre Gemeinden, viele Haus und Hof verlassen. Verschärfte Gesetze folgten nachher. Da galt es den Bedrückten, stark zu sein im Dulden und Harren. Als aber die Indulgenzerklä= rung vom 15. März 1672 den Dissenters eine gewisse Freiheit brachte, so wußten sie und die Bischöflichen recht wohl, daß diese Acte liberal nur darum war, um unter ihrem Schutz die römischen Katholiken und ihre Sache im Lande zu fördern und ihnen Beiden damit einen neuen, gefährlichen Gegner zu wecken. Denn der römi= sche Katholicismus und Bündniß mit Ludwig XIV. von Frankreich schien dem König noch viel mehr ein Mittel, seinen Thron zu befesti= gen.

Für die Quäker wurde diese Zeit eine Periode harter Prüfun=

gen, aber auch einer wenigstens theilweisen und hochnöthigen Ab=
klärung. Die Luft, England und die weite Welt — sie schickten
Boten an den Papst und zu den Türken — mit ihrer Predigt der
Buße, der Weltflüchtigkeit und des innern Lichtes zu reformiren,
verging ihnen im mächtigen Umschwung der Dinge. Zu ihrer Selbst=
erhaltung that ihnen Ernüchterung und Zucht und Ordnung noth.
Die ungebundene, spasmotisch sich ausschüttende Persönlichkeit mußte
lernen, sich in eine Gemein=Disciplin zu fügen. Daß sie dessen be=
durften, fühlten klarere Köpfe unter ihnen noch vor der großen
politischen Krisis. So kam es nach und nach zu Einrichtungen des
gemeindlichen Lebens, wie wir sie heute noch unter den Quäkern
finden. Auch die Lehre mußte, obwohl sie alle und jede Formu=
lirung des Glaubens als todte Krystallisirung dessen, was nur im
Gefühle, in direkter Unmittelbarkeit leben und beleben könne, ver=
werfen, doch in ein gewisses System gebracht werden. Dazu ver=
half ihnen Rob. Barclay im Jahre 1676 mit seiner *Apologia
Theologiae vere Christianae*, so viel auch grundstürzende Irr=
thümer darin sich finden.

Eben auch die äußeren gesellschaftlichen Formen, welche die
Quäker angenommen hatten, z. B., daß sie sich schon durch die
Kleidung von Andern unterschieden, daß sie Jedermann mit Du
anredeten, daß sie vor Niemand, auch nicht vor dem Könige, den Hut
abnahmen, daß sie sich in Manchem ihrer besondern Ausdrucksweise
bedienten und dergleichen mehr, daß sie die Geistlichkeit als einen
besondern Stand und jede äußere Feier der Sacramente verwarfen,
alle diese und andere Dinge machten sie in den Augen der Welt auf=
fälliger und in einer Zeit, welche die Sympathie mit ihnen schon
ganz verloren hatte, um so anstößiger und verhaßter. Sie wurden
so recht die Zielscheibe des Spottes des gemeinen Haufens und des
Hasses von Beamten, die in königlichem Solde standen und ihren
Diensteifer zeigen wollten.

Merkwürdig ist, daß die Puritaner selbst, aus deren Grundsätzen
die Quäker nun glaubten, das letzte Facit gezogen und dieselben conse=

quent durchgeführt zu haben, gegen die letzteren mit der äußersten Abneigung und Erbitterung auftraten, wo ihnen die Gelegenheit dazu gegeben ward. In jenen Jahren der ersten schwärmerischen Aufregung, wo die Quäker sich mit dem Gedanken ihrer Weltmission trugen, waren Glieder ihrer Gesellschaft auch nach den westindischen Inseln und auch nach Massachusetts, der neuweltlichen Freistätte des Puritanerthums, gelangt. Sie traten auch hier im Anfang ihres Wirkens mit demselben Eifergeist auf, den sie in Altengland kund gaben. Sie riefen ihr Wehe aus auch hier über die „Baalspfaffen," verbreiteten ihre Ansichten durch Flugblätter, traten mit dem Hute auf dem Kopfe vor die Obrigkeit, redeten den Gouverneur und andere Leute unterschiedslos mit Du an. Man hatte wohl schon von ihnen gehört. Aber jetzt, da man ihr Auftreten und ihre Manieren selber sah, wurde die heftigste Abneigung gegen sie rege. Die puritanischen Independenten, welche um ihrer Gewissensfreiheit willen, in die Neue Welt gezogen waren, waren weit davon entfernt, den Quäkern dieselbe Freiheit bei sich zu gewähren. Ihnen war der Buchstabe des göttlichen Wortes so heilig; die Quäker setzten aber „das innere Licht," „den Geist" so hoch über das Wort. Sie hielten so streng auf gesetzliche Ordnung in allen Dingen; die Quäker schienen ihnen Alles so ziemlich in das Belieben und die Willkühr des Einzelnen zu setzen. So sahen sie im Quäker den gefährlichen Feind der Ordnung und des Christenthums und Reiches Gottes selbst und im Quäkerthum die größte Gefahr für den Bestand des bürgerlichen Wesens. Daher die scharfen und blutigen Gesetze gegen dieselben. Nach dem Gesetz vom 14. Oct. 1656 traf schwere Geldbuße jeden Capitän, der einen Quäker in's Land brachte. Der Quäker, der anlangte, wanderte in's Gefängniß, wurde mit Ruthen geschlagen, mit harter Arbeit geplagt, von jedem Verkehr abgeschnitten. Schwer wurde auch die Verbreitung ihrer Schriften bestraft. Noch schärfere Gesetze wurden im folgenden Jahre erlassen. Wer einen Quäker nur eine Stunde beherbergte, trug 40 Schillinge Strafe. Quäker sollten im Gefängniß liegen, bis sie auf ihre Kosten konnten aus dem Lande geschafft werden. Trotzen sie, so soll ihnen zuerst das eine Ohr abgeschnitten werden; fahren sie im Trotzen fort, auch das andere; im dritten Fall soll ihnen die Zunge mit glühendem Eisen durchbohrt werden. Weiber sollen scharf ausgepeitscht werden. Aber durch das Alles ließen Quäker ihren Märtyrereifer nicht erkalten. Fanatisch brachen sie in gottesdienstliche Versammlungen ein; laut schrieen sie wider ihre Unterdrücker; in ihrem wilden Trotz erschienen Weiber in unanständiger Weise entblößt an einzelnen Orten in den Straßen und Kirchen; so zu Salem und Newbury. Im October 1658 wurde jeder Quäker, der sich zum dritten Mal in der Colonie ertappen lasse, vom Gesetz zum Tode verurtheilt. Und wirklich wurden drei derselben in Massachusetts gehängt. Blutdürstig waren die Puritaner nicht. Aber die Strenge ihres Verfahrens gegen die Quäker beweist, daß sie in diesen ein höchst gemeinschädliches Element erkannten. Als Karl II. 1661 befahl, die Quäker nicht mehr in Amerika zu bestrafen, sondern nach Europa zurückzusenden, erschien dies den Colonisten als ein Eingriff in ihre Freiheiten.

Das Alles zeigt uns, daß die Quäker auf mächtige Opposition stießen in der Alten und Neuen Welt. Sie erfuhren es, was Verfolgung um der religiösen Meinung willen besagen will. Die Waffen, mit denen sie selber kämpften, hielten sie durchaus für geistlich. Und daß der Kampf um religiöser Meinungen willen durchaus nur mit solchen Waffen geführt werden müsse, daß die weltliche Obrigkeit über die Gewissen keine Macht, zur gewaltsamen Unterdrückung einer die öffentliche Sicherheit nicht untergrabenden, sittlich nicht anstößigen Ueberzeugung kein Recht habe, diese Grundsätze zur Geltung zu bringen im öffentlichen Leben, das war für die Quäker selbst eine Frage ihrer Existenz. Tausende von ihnen haben, ehe ihre Grundsätze durchdrangen, dulden und bluten müssen. Aber ihre Grundsätze drangen durch. Keiner aber hat mehr darüber gelitten und gestritten, Keiner des endlichen Sieges in zwei Welttheilen sich mehr gefreut, als William Penn.

Kapitel V.

Wm. Penn tritt öffentlich auf als Quäker in Wort und Schrift (1668). — Erſte
Einkerkerung. — No Cross, no Crown. — Staats- und Gewiſſensfreiheit. — Aenderung des Verhältniſſes zwiſchen Vater und Sohn. — Wm. Penn's zweite Reiſe
nach Irland. — Abermalige Verhaftung (1670).

Als Wm. Penn zum zweiten Mal ſeines Vaters Haus verlaſſen mußte, ſchien auch die ganze weite Welt ihm
keine Heimſtätte zu bieten. Eigenes Vermögen an
Geld und Gut hatte er nicht. Irgend ein Geſchäft,
das ihn durch ſeiner Hände Arbeit hätte ernähren
können, verſtand er nicht. Er tröſtete ſich des Ge-
dankens, daß er um Gottes willen Vater und Mutter
verlaſſen habe. Indeſſen mußte ſeine Mutter, mit Beihülfe einiger freundlich geſinnten Bekannten, in der Stille für ſeine Bedürf-
niſſe zu ſorgen.

Wohl aber war gewiſſermaßen die Brücke hinter ihm abgebrochen.
Um ſo freier konnte er auftreten. Er trat nun der Quäkergemeinde
förmlich bei. Und ohne Verzug ſehen wir ihn für die Vertheidigung
ihrer Grundſätze einſtehen. Die öffentlichen Blätter waren damals
ſelten und ohne den Einfluß, den ſie jetzt auf die öffentliche Meinung
haben. Um ſo mehr aber waren fliegende Blätter und Pamphlete
das Mittel, womit man für oder wider eine Sache in's Feld zog.
Und dieſer Waffe, die in geſchickter Hand allerdings Bedeutung genug haben konnte, hat ſich Wm. Penn gar häufig und nicht ohne Erfolg
bedient. Wir ſind nicht im Stande, alle öffentlichen Erzeugniſſe ſeiner Feder anzuführen oder auf ihren Inhalt einzugehen. Einzelne

(38)

derselben werden wir zu berühren Gelegenheit finden. Außerdem war er ein sehr fleißiger Briefschreiber und hat auch dadurch manchen Erfolg erzielt. Seine Frömmigkeit war bei allem Accent, der auf die Innerlichkeit gelegt wurde, nichts weniger als thatlose, quietistische Selbstbeschaulichkeit oder mystische Träumerei. Er war, wie jeder tüchtige Mann, voll Lust zur Arbeit und allezeit wachsam, wo es etwa gelte, die schwache Seite am Gegner aufzudecken und für die eigene Sache einzutreten.

Noch hatte er sich den Formen, die unter den dem Formenwesen so abgeneigten Quäkern nach und nach aber doch herrschend wurden, nicht ganz gefügt. Noch trug er sein weltliches Kleid und sogar an der Seite das damals den Mann von höherem Staud auszeichnende Schwert. Nun soll er einmal betreffend diese seine Waffe den uns schon bekannten Georg Fox um Rath gefragt haben mit der Bemerkung, daß dieses Schwert ihm einmal das Leben gerettet habe, ohne seinen Gegner zu verletzen. Georg Fox gab ihm zur Antwort: „Mein Rath ist: Trag's so lang Du kannst." Bald nachher faud ihn Fox ohne die Waffe. „William," sagte er, „wo ist dein Schwert?" Er antwortete: „Ich folgte Deinem Rath und trug's so lang ich konnte."

Jetzt wurde das Wort in seinem Mund und die Feder in seiner Hand seine Waffe zu Schutz und Trutz. Er trat im Jahre 1668 zuerst als Prediger unter seinen Glaubensgenossen auf. Er war nicht ohne Gaben hiezu. Um besondere Schönheit der Sprache war es ihm nicht zu thun. Aber er sprach mit Ernst und Nachdruck und wirkte durch Beweisführung auf Ueberzeugung hin.

In demselben Jahre griff er zur Feder und schrieb unter dem Titel: *Truth Exalted* (die Erhöhung der Wahrheit) eine Ermunterung an Alle, die fromm sein wollten; sie sollen sich doch nicht auf äußere fromme Gebräuche einlassen, sondern sich als Christen erweisen im Gehorsam gegen das im Herzen zeugende Gesetz. Anlaß zu einer zweiten Schrift gab die Art, wie ein Presbyterianer-Prediger, Thomas Vincent, von dessen Gemeinde ein Paar

Glieder zu den Quäkern übergegangen waren, über diese und Wm. Penn besonders — er nannte ihn einen Jesuiten — geredet hatte. Wm. Penn und ein anderer angesehener Prediger der Quäker, Georg Whitehead, waren willig, in öffentlicher Besprechung diese Anklagen zu widerlegen. Als es dazu kam, brachte Vincent die kirchliche Trinitätslehre vor, verfuhr aber in der Behandlung der Sache nicht würdig und veranlaßte Wm. Penn, einen Tractat über die Dreieinigkeit unter dem Titel: *The Sandy Foundation Shaken*, worin er auch über die kirchliche Lehre von der Rechtfertigung des Sünders vor Gott sich äußerte. Hier traute er sich nun viel zu viel zu und gab vor Theologen, die in der Schriftlehre und Glaubenserkenntniß ihm weit überlegen waren, seiner eigenen Sache die bedenklichsten Stöße. Das Aergerniß, das er damit anrichtete, war so groß, daß der Bischof von London im Eifer auf seine Einkerkerung drang. Natürlich widerrief Wm. Penn darum nicht und Kerker und Bande an sich können ja gewiß nicht eines Bessern überzeugen.

Weit mehr war Wm. Penn auf einem ihm zugänglichen Gebiete, als er jetzt in der ihm aufgezwungenen Muße des Gefängnisses sich selbst und Anderen, die Aehnliches erduldeten, zum Trost eine seiner besten und am meisten verbreiteten Schriften verfaßte: *No Cross, no Crown*. Er bewies in derselben, daß wer nicht um Christi willen sein Kreuz sich wolle gefallen lassen, der sei auch zur Krone nicht befähigt noch derselben würdig. Im ersten Theile des Buches zeigt er in 18 Kapiteln wie die Christenheit in ihrem Abfall von der Reinheit ächt evangelischen Lebens in alle Arten von Sünden versunken sei und die Weltmächte des Stolzes, der Wollust, des Geldes, der Ehrsucht nun über sich herrschen lasse und doch dabei auf äußerlichen Gottesdienst sich verlasse, statt in wahrer Selbstverleugnung den Weg Christi zu gehen. In einem zweiten Theil belegt er seine Anklage der verweltlichten Christenheit mit vielen Zeugnissen aus dem Munde berühmter Männer aus alter und neuer Zeit und zwar Heiden sowohl wie Christen und Juden müssen gegen die Thorheit zeugen, im Weltdienst den Frieden der Seele suchen zu wollen. Das Buch zeigt eine große Belesenheit und ist ein Zeugniß von dem Ernst, mit welchem er die praktischen Fragen des Christenthums, das christliche L e b e n auffaßte. Es ist eine eindringliche Mahnung, sich doch ja nicht durch die Eitelkeiten der Welt um die ewige Krone bringen zu lassen.

Auch ein veröffentlichtes Schreiben, welches Penn aus seinem Gefängniß an den Staatssekretär Lord Arlington sandte, greift in das praktische Gebiet ein, nämlich in die Frage der Gewalt des Staates und der Obrigkeit gegenüber der religiösen Ueberzeugung der Unterthanen. Er sagt, daß er selbst ohne gehöriges Verhör, ohne Beobachtung der gehörigen Rechtsformen sei gefangen gesetzt worden. Eines Vergehens gegen die Gesetze sei er sich nicht bewußt. Ueber seine religiöse Ueberzeugung habe die Obrigkeit doch keine Macht. Durch Verschiedenheit der religiösen Ansichten an sich werde der Staat in keiner Weise gefährdet, nur diejenigen verdienen bürgerliche Rechte und Freiheiten nicht, welche Grundsätze aufstellen, welche die Grundlagen der Sittlichkeit antasten. Lächerlich sei es sagen zu wollen, daß Menschen ihren Glauben an Dinge, die einer anderen Welt angehören, richten müssen nach der Meinung anderer sterblichen Menschen. Nie werde man Jemand mit bloßer Gewalt gegen seine Ueberzeugung überzeugen können; man mache auf diesem Wege höchstens Heuchler. Auch sei seine eigene Verhaftung geschehen durchaus wider die einem englischen Bürger zustehenden Rechte und darum fordere er auf sein Recht hin seine Freilassung, die dem Lord Arlington mehr Ehre als ihm selbst Vortheil bringen werde.

Es weht in diesem Briefe ein Geist edler Freimüthigkeit, der mit der Kriecherei wie sie damals auch in England gegenüber dem Regierungsdespotismus bei Tausenden herrschte, mächtig contrastirte. Mit dem Ton, den Wm. Penn als ein Christ anschlug, hat er geholfen, der bürgerlichen Freiheit und der religiösen Toleranz eine Gasse zu öffnen und es bewahrheitet, was P a u l G e r h a r d so schön sagt:

Unverzagt und ohne Grauen
soll ein Christ, wo er ist,
stets sich lassen schauen;
wollt ihn auch der Tod aufreiben,
soll der Muth dennoch gut
und fein stille bleiben!

Allerdings wurde ihm seine Freiheit nicht unmittelbar in Folge dieses Schreibens. Er fand noch Zeit, im Gefängniß auf die Frage über die Dreieinigkeit, über die Gottheit Christi und über die Rechtfertigung in einem kleinen Tractat *"Innocence with her open face"* zurückzukommen. Ihm auf dieses Gebiet zu folgen, lohnt der Mühe nicht. Gleichwohl scheint er seine Gegner auf dem Gebiet des Glaubensbekenntnisses damit mehr befriedigt zu haben und nach neunmonatlicher Haft wurde er auf königlichen Befehl in Freiheit gesetzt, nicht ohne Fürsprache des mit Wm. Penn's Vater wohl vertrauten Herzogs von York. Wm. Penn selbst hatte vor seiner Gefangennehmung sich mit einigen anderen Quäkern beim königlichen Hofe für seine damals grausam verfolgten Glaubensgenossen zu verwenden gesucht, aber vergeblich. Ihn selbst besuchte sein Vater öfters im Gefängniß und auch, auf besondern Wunsch des Königs, Dr. Stillingfleet, Bischof von Worcester. Diesem sagte Wm. Penn, daß der Tower, das Gefängniß, der allerschwächste Beweis sei, um ihn auf andere Ansichten zu bringen. Nach seiner Entlassung aus der Haft besuchte er den auf dem Sterbebette liegenden Thomas Loe, durch dessen Predigten er war besonders erweckt worden, von dem er höchst ermunternde Worte des Abschieds vernahm.

Im Verhältniß zu seinem Vater trat für Wm. Penn um jene Zeit eine erfreuliche Veränderung ein. Vielleicht empfand der Kriegsmann doch einen geheimen Stolz, daß sein Sohn so heldenmüthig für seine Ueberzeugung einstand und sich für sein Recht in so würdiger Weise wehrte. Zwar äußerlich ließ er seine Aussöhnung noch nicht ganz heraustreten, aber durch die Mutter gab er dem Sohne wiederum einen Auftrag für Irland, der denn auch nach wenigen

Wochen dorthin absegelte. Hier sah er nun seine Glaubensgenossen überall schmählig verfolgt; in der Stadt Cork lagen die Bekenner des Quäkerthums beinahe alle im Gefängniß. Er eilte zurück nach Dublin, verfaßte mit einigen Freunden eine durch die Thatsachen begründete Beschwerdeschrift und händigte dieselbe dem Lord=Lieute= nant ein und erzielte die Freilassung der Verhafteten. Zugleich ver= öffentlichte er ein Ermunterungsschreiben an Solche, die erst durch Ueberzeugung in die Gemeinschaft der Quäker eingetreten waren.

Von Irland im Jahre 1670 zurückgekehrt, fand Wm. Penn, daß bei seinem Vater eine höchst erfreuliche Umstimmung gegen ihn ge= schehen war. Niemand war wohl darüber froher als die Mutter. In demselben Jahre erfolgte aber eine Erneuerung des gegen „geheime seditiöse Versammlungen" gerichteten Ge= setzes. Jetzt wurde es jedoch angewendet gegen alle religiösen Con= ventikel, die „nicht gemäß der Liturgie und Praxis der Kirche Eng= land's gehalten wurden." Es wurde damit auch das englische Recht des Verhörs vor der Jury (den Geschworenen) umgestoßen und das Verfahren einfach der Willkühr der Magistrate, der Alder= men, heimgegeben. Es scheint, daß Bischöfe und andere Diener ihrer Kirche hauptsächlich darauf hingearbeitet hatten.

Am härtesten traf die Anordnung dieses Gesetzes die Quäker, welche, als ob ein solches Verbot nie bestanden hätte, ihre Ver= sammlungen regelmäßig zu halten fortgefahren hatten im Bewußt= sein, daß sie sich mit seditiösen, aufrührerischen Gedanken nicht abgaben.

Als Wm. Penn am 14. August 1770 nach dem Versammlungs= lokal in Grace Church Straße in London wie gewöhnlich gehen wollte, fand er die Thore mit Soldaten besetzt. Nun stand er mit andern Quäkern eine Zeitlang stille, fing dann aber an, den Versammelten zu predigen. Da wurde er und William Mead im Namen des Lord=Mayors verhaftet. Gleich am folgenden Tage gab er seinem Vater brieflich Nachricht von dem Vorgang. Ueber das Verhör, das vor elf obrigkeitlichen Personen stattfand und vor zwölf Ge=

schworenen, haben wir genaue Berichte. Es wurde begonnen und wieder verschoben. Endlich kam es zu einem Verhör am 7. September. Wm. Penn beklagte sich zuerst, daß die Anklage selber durchaus ungesetzlich sei und erklärte ihr gegenüber seine völlige Unschuld. Dasselbe that Wm. Mead. Daß das ganze Verfahren parteiisch und ungerecht war, geht aus den Acten deutlich hervor. Die Geschworenen selbst gaben ihr Urtheil dahin ab, daß Wm. Mead gar nicht schuldig sei, Wm. Penn aber dessen, daß er auf der Straße zu den Versammelten geredet und gepredigt habe. Hierüber war der Mayor so sehr ungehalten, daß er die Geschworenen übel anfuhr, der Schriftführer aber drohte, sie nicht entlassen zu wollen, bis sie einen Wahrspruch fällen, der dem Gericht gefalle. Das Verfahren der Richter war durchaus unwürdig. Den Geschworenen aber rief Wm. Penn zu: „Ihr seid Engländer — denkt an euer Privilegium und laßt euer Recht nicht fahren!" Und allerdings änderten sie ihr Urtheil nicht. Hiermit waren die Gefangenen eigentlich freigesprochen. Aber das Gericht verurtheilte die Geschworenen, nachdem sie 48 Stunden ohne eine Erfrischung gelassen worden waren, zu vierzig Mark Strafe wegen „verächtlicher Behandlung des Gerichtshofes" und bis Bezahlung zur Haft. Und in gleicher Weise wurde Wm. Penn und sein Mitangeklagter behandelt. Sie alle wurden in das Newgate=Gefängniß gesetzt. Auch hiervon gab Wm. Penn seinem Vater brieflich Nachricht. So ging damals auch in England Gewalt vor Recht.

W. Penn und sein Mitgefangener hielten sich im Gewissen gebunden, die ihnen ungerecht auferlegte Geldbuße nicht zu bezahlen. Der Admiral aber wußte die Sache durch den Herzog von York vor den König zu bringen und die Gefangenen wurden frei. Ihm lag jetzt viel daran, seinen Sohn in nächster Nähe zu haben. Denn er kränkelte schon lange und fühlte wohl, obschon er noch nicht fünfzig Jahre alt war, daß sein Ende herannahe. Die Liebe zu seinem Sohne bethätigte er auch dadurch, daß er den Herzog von York und durch diesen den König bitten ließ, nach seinem Tode denselben im

Falle fernerer Verfolgung in ihren Schutz nehmen zu wollen. Es ist auch kein Zweifel daran, daß er, je näher sein Ende heranrückte, um so näher der ganzen Welt- und Lebensbetrachtung seines Sohnes kam. Er ging auch in eine Erkenntniß seiner Sündhaftigkeit ein, die Eitelkeit des weltlichen Treibens wurde ihm offenbar. Sein letztes Wort war ein Segenswunsch für alle die Seinigen. Er ent- schlief zu Wanstead in Essex County am 16. Sept. 1670. Ein Monument, das ihm zu Ehren von seiner Gattin in Bristol errichtet wurde, trägt eine Inschrift, deren Styl für einen Seehelden paßt, zählt seine Dienste und Titel auf und schließt mit den Worten, der Admiral sei von einem milden und ruhigleitendem Windhauch friedlich zum letzten Ziel gekommen und habe im besten Port Anker geworfen. — Der Sohn kam durch den Tod des Vaters in den Besitz eines Vermögens, das ihm jährlich etwa fünfzehnhundert Pfund Sterling eintrug, für jene Zeit eine schöne Summe. Von diesem Reichthum machte er in sehr liberaler Weise Gebrauch. Wir wer- den aber später sehen, daß er keineswegs im Gang seiner Tage da- durch finanziellen Verlegenheiten überhoben wurde.

Zunächst aber sehen wir ihn beschäftigt, mit großem Eifer theils für seine religiösen Ansichten und im Zusammenhang damit für religiöse Toleranz und bürgerliche Freiheit zu zeugen mit Wort und Schrift. Wo ein Angriff auf der Kanzel oder sonst auf die Quäker und ihre Sache gemacht wurde, da war er bereit, öffentlich für die- selbe aufzutreten. So fand er bei einem Besuch in Oxford, daß dort auf Anstiften des bigotten Vice-Kanzlers der Universität viele Quäker waren grausam verfolgt worden und zwar unter Anwendung von höchst verwerflichen Mitteln. Wm. Penn hielt ihm sein Unrecht in einem scharfen Rundschreiben vor. Gerade von der in höheren Bildungsanstalten erzogenen Geistlichkeit erfuhren die Quäker um so mehr Haß, weil sie fest an der Ansicht hielten, daß Gelehrsamkeit keineswegs den rechten Prediger mache. Noch im Jahre 1670 schrieb er "A Caveat against Popery," worin er eine Schrift, welche damals die römische Lehre plausibel machen wollte, widerlegt. Er

zeigt den Widerspruch, in welchem sich die römische Kirche mit der
hl. Schrift und der primitiven Kirche befindet. Aber immer kommt
er wieder auch bei seiner Warnung vor der römischen Irrlehre auf
den Grundgedanken zurück, daß auch der römische Katholik Anspruch
auf Duldung habe und daß er selbst weit davon entfernt sei, mit
seinem Bekämpfen der irrigen Lehre die Obrigkeit zur Verfolgung
der Katholiken aufreizen zu wollen. Um so weniger entging er, wo=
zu freilich auch noch andere Umstände mitwirkten, dem Verdacht
und Vorwurf, daß er selber ein verkappter Katholik, gar ein
Jesuit sei.

Noch vor Ende desselben Jahres 1670 wurde Wm. Penn in Lon=
don im Versammlungslokal in Wheelerstraße abermals von Soldaten
ergriffen und in den Tower gebracht, und zwar durch denselben
Lieutenant John Robinson, der im früheren Verhör auf der Richter=
bank gesessen hatte, ein roher Mensch, der auch jetzt seinen Haß
gegen Penn auslassen wollte. Da er nun keine Zeugen fand, welche
irgend ein gesetzwidriges Verfahren von Seiten Penn's oder derer,
mit denen er am offenen Tag zusammen gewesen war, bewiesen,
so bediente er sich eines damals schon gewöhnlichen Mittels um
Quäker straffällig hinzustellen; er legte ihm den sog. *Oath of
Allegiance*, den Huldigungseid vor. Dieser Eid besagt unter
Anderm, daß der ihn schwört nie Waffen gegen den König ergrei=
fen wolle. Bekanntlich bedienen sich die Quäker aus Grundsatz nie
einer Waffe, schwören aber auch nie. Folglich verweigerte auch
Wm. Penn den Eid, hatte Gelegenheit, dem brutalen Richter im
Verhör ernste Dinge ins Gewissen zu reden, wurde von demselben in
grober Weise insultirt und wanderte nun für sechs Monate in das
abscheuliche Newgate=Gefängniß, eine wahre Marterstätte, wo er
freilich manche gleich ihm ungerecht verurtheilte Freunde, aber auch
eine Rotte der niedersten Subjecte, einen Auswurf der Menschheit
fand, mit dem er jetzt zusammengeworfen ward. Wir blicken mit
Abscheu auf die Greuel der römischen Inquisition. Aber stand es
denn damals in England und andern protestantischen Ländern so viel

beffer, wenn der in seinem Wandel tadellosefte, beste Bürger um
religiöser Ueberzeugung willen solcher rohen Mißhandlung unter dem
niederträchtigsten Mißbrauch gesetzlicher Formen preisgegeben werden
konnte?

Indessen benützte Wm. Penn die sechs Monate seiner schweren,
schmerzlichen Haft zum Verfassen mehrerer religiösen Tractate, in
denen er besonders auch die Grundsätze der Quäker beleuchtete und
zu rechtfertigen suchte. Der bedeutendste darunter ist die Schrift:
„Die große Frage der Gewissensfreiheit, nochmals besprochen und
vertheidigt vor dem Forum der Vernunft, der Schrift und alter
Zeugen.“ Was diese Schrift enthält, ist für uns nichts Neues.
Wir nehmen ihre Gedanken über das Unrecht, Menschen gegen ihre
Ueberzeugung einen Glauben aufzwingen zu wollen und die bürger=
liche Stellung eines Individuums von seiner religiösen Ansicht ab=
hängig zu machen, als selbstverständlich und ohne Widerspruch an.
Damals aber waren solche Gedanken neu und durch den Freimuth,
mit welchem Wm. Penn sie aussprach, wirkte er ein auf die
öffentliche Meinung in England. In der That war er in diesem
Punkte seinem Geschlecht und seiner Zeit voraus. Gerade um jene
Zeit ging das englische Parlament damit um, noch schärfere Gesetze
gegen Diejenigen zu erlassen, die sich der bischöflichen Kirche nicht
unterordneten. Zu bemerken ist auch, daß Wm. Penn immer daran
erinnert, daß Verfolgung um der religiösen Ueberzeugung willen ein
Angriff gegen das Geburtsrecht eines englischen
Bürgers sei. Er hat in sofern für die öffentliche, gesetzliche
Anerkennung der Rechte eines englischen Bürgers nach ihrem ganzen
Umfang viel vorgearbeitet. So ist aus seinem Gefängniß und er=
littenem Unrecht dem Volk Freiheit und Recht miterwachsen. Auch
ist daran zu erinnern, daß die Verfolgung namentlich der Quäker,
sich gar nicht blos auf peinliche Haft in abscheulichen Gefängnissen
beschränkte, sondern sehr oft schwere Geldstrafen und Beraubung des
Vermögens in sich schloß. Nie haben Quäker dem Aufruhr das
Wort geliehen oder sich damit eingelassen. Mit staunenswerther
Geduld haben sie getragen und gelitten.

Kapitel VI.

Nach ſechs Monaten aus dem Kerker ent=
laſſen, trat Wm. Penn ſeine erſte
Miſſionsreiſe nach dem Continent an.
Wir fanden ihn früher ſeiner Ausbil=
dung willen in Frankreich und Ober=
Italien.   Jetzt hatte er einen andern
Zweck im Auge.

Wir wiſſen, daß das Quäkerthum
in ſeinen erſten Jahren mit einem oft ſogar wildleidenſchaftlichen,
unverſtändigen Bekehrungseifer der Welt und der Kirche gegenüber=
trat.   An die Stelle dieſes Sturmlaufens war ſpäter größere Ruhe
und Nüchternheit in Vielem getreten.   Auch das Bedürfniß einer
beſtimmten Ordnung des Gemeindelebens wurde gefühlt.   Statt mit
Feuereifer, bei dem die Geiſter der Propheten den Propheten ſelbſt
oft nicht unterthan waren, dreinzugreifen, lernten die Quäker zum
Ziele zu kommen und Eindruck zu machen durch Zähigkeit im Dulden.

(48)

Den Gedanken, ihrer Sache die Thore in der Welt zu öffnen, hatten sie darum nicht aufgegeben, um so weniger, da sie überzeugt waren, daß nur sie das echte, reine Christenthum in Lehre und Leben darstellten.

Auch Wm. Penn reiste nicht nach dem Continent, um etwa die Welt zu sehen, sondern um zu forschen, ob der Same seiner Lehre dort einen empfänglichen Boden finde. Er ging nach Holland, von da nach Deutschland und wirkte auf die Verbreitung quäkerischer Grundsätze hin. Wir sind über viele Punkte im Leben Wm. Penn's bis in Einzelheiten hinein genau unterrichtet. Indessen gerade über diese erste Reise im Interesse quäkerischer Propaganda wissen wir nichts. Vielleicht war der erste Erfolg nicht bedeutend genug, um geschichtlich verewigt zu werden. Und doch fühlte sich Wm. Penn ermuthigt, wieder zu kommen.

Für jetzt aber beschäftigte ihn nach seiner Rückkehr nach England eine ganz andere Angelegenheit. Er war in sein 28. Lebensjahr eingetreten. Und wenn er je eine Lebensgefährtin sich wählen wollte, so war vielleicht jetzt der günstigste Zeitpunkt gekommen. So sehen wir ihn in den Stand der Ehe eintreten. Natürlich wählte er sich eine Gattin, welche seine Gesinnungen theilte, so daß sie ganz Ein Herz und Eine Seele mit ihm wäre. Was er wünschte, fand er in der Person der Tochter eines Sir William Springett, der früher in Darling. Sussex County, residirt, aber auf Schloß Ormadel in den Bürgerkriegen sein Leben verloren hatte. Seine Wittwe heirathete später einen Isaac Pennington, und beide traten zu den Quäkern über. Die Tochter, Wilhelma Maria schloß sich ihrer Gesinnung an. Sie galt für eine Schönheit und war viel umworben, zeichnete sich aber ebenso aus durch Eigenschaften des Geistes und ein sanftes, gemüthvolles Wesen. In einem Schreiben an seine Kinder sagte Penn später, er wisse, daß eine freundliche Vorsehung ihm ihre Mutter zugeführt habe, daß sie ihm aber mit Hintansetzung vieler anderer Freier mit einer herzlichen Liebe zugethan gewesen sei. Nach dem Schluß der Ehe, die natürlich nach der

4

Weise der Quäker vollzogen war*, bezog das Paar einen Wohnsitz zu Rickmansworth in Hartfordshire. Wm. Penn aber sah es auch jetzt als seine Pflicht an, als ein Reiseprediger bald da bald dorthin sich zu wenden. So besuchte er im Sommer des Jahres 1672 die Quäkergemeinden und Versammlungen in Kent, Suffex und Surrey und predigte in drei Wochen an einundzwanzig verschiedenen Orten.

In diesem Jahr erschien die von uns schon erwähnte "Declaration of Indulgence," durch welche die Strafen gegen die Dissenters oder Nonconformisten suspendirt wurden. Man fühlte wohl, daß der Act königlicher Gnade eine Gabe zweideutiger Natur war und nicht nur, weil unter demselben auch — und das war des Königs Absicht — den römischen Katholiken die Thüre aufgethan war, sondern weil der König sich damit eine sehr bedenkliche Ausdehnung seiner Prärogative als Haupt der Kirche England's erlaubt hatte. Und allerdings sah sich der König veranlaßt, schon im nächsten Jahre die Jesuiten und alle römischen Katholiken von der Gnadenacte auszunehmen. Denn er brauchte Geld und darum lag ihm am guten Willen des Parlamentes. Und gerade gegen das von den Bischöfen beherrschte Parlament und seine Opposition war der Gnadenact des Königs ein „Schachzug" gewesen.

Daß die Dissenters sich der Indulgenz freuten und daß die Quäker besonders davon guten Gebrauch machten, versteht sich von selbst. Und dies um so mehr, da es seit 1670 aufgekommen war,

---

* Georg Fox, der Stifter der Quäker, sagte, daß sie Niemand verheirathen, sondern blos die Zeugen seien, daß Mann und Weib sich eheliche Liebe und Treue zusagen. Denn es sei God's joining, gab er vor. Das quäkerische Unabhängigkeitsgefühl machte sich auch dabei geltend. Indessen kamen doch nach und nach gewisse, noch geltende Beschränkungen hinzu: Einwilligung der Eltern oder Vormünder; eine öffentliche Erklärung des Vorhabens von Seiten der beiden Personen, die in die Ehe treten wollen; Untersuchung durch ein Committee, ob kein Hinderniß da ist. Die Eintragung der Namen in ein Register vertritt den Trauungsact vor der Gemeinde.

daß wer in London Versammlungen der Quäker der Obrigkeit an=
zeigte, ein Drittheil der den Ueberwiesenen auferlegten Geldstrafe
empfangen sollte. Natürlich wurden die friedlichsten Versammlungen
als „aufrührerisch" gebrandmarkt, um sich mit dem Buchstaben des
Gesetzes zu decken. Die elendesten Menschen machten sich daran,
Angeberrollen zu spielen und steckten ihren Gewinn in die Tasche, die
Quäker aber mußten darunter leiden. Sogar Aldermen traten selber
als Ankläger auf, nur um des schnöden Gewinnes willen*. Im
Uebrigen ging die Verfolgung ihren Weg in ganz England. Aus=
brüche gemeiner Rohheit gegen die Verfolgten blieben ungestraft.
Obrigkeitliche Personen zerschlugen ihre Spazierstöcke an Haupt und
Rücken der Quäker. Oft wurden den Quäkerfrauen die Kleider vom
Leibe gerissen. Der Bischof von Peterborough in Northamptonshire
sagte öffentlich in der Kirche, daß das Parlament seine Schuldigkeit
gegen die Quäker noch nicht gethan habe; es werde dieselbe aber
thun und den Quäkern Land und Besitz nicht allein wegnehmen,
sondern sie als Sklaven verkaufen. So hetzten Repräsentanten der
Kirche zum Hasse auf. Es wird mit Sicherheit angenommen, daß
während der Regierung Karls II. mehr als 8000 Dissenters in's
Gefängniß geworfen und mehr als 60,000 am Eigenthum bestraft
wurden. Wm. Penn hatte Anlaß genug, von seinem neuen Wohn=
sitze Rickmansworth aus, in Pamphleten alle die Beschuldi=
gungen, die boshafter Weise gegen die Quäker vorgebracht wurden,
und alle Entstellungen ihrer Lehre zu widerlegen.

Im Sommer 1773 besuchte er mit seiner Frau und dem ausge=
zeichneten Quäkerprediger Georg Whitehead die westlichen
Gegenden England's. In Bristol stieß zu ihnen Georg Fox, der
eben aus Amerika zurückkehrte. Zehn Jahre lang war seine Gattin,
als Quäkerin angeklagt, im Gefängniß gelegen. Als sie endlich

---

* Ein Witzbold schilderte damals in einem Pamphlet den Weg, wie ein
„Angeber" so leicht ohne irgend eine Arbeit seinen Lebensunterhalt finden
könne.

1671 durch einen besondern Gnadenact des Königs auf dringendes Bitten ihres Gatten freigelassen wurde, hatte er es für Pflicht gehalten, mit etlichen Freunden nach Amerika zu reisen, um auch dort für ihre Sache zu wirken. Sie kamen nach Barbadoes, dann nach Jamaika, im Frühjahr 1672 nach Maryland und dann unter großen Beschwerden durch unwegsame Gegenden nach New England, besuchten auch New Amsterdam (New York), kamen zurück nach Maryland, bereisten Virginien und die Carolinas und kamen im Sommer 1673 zurück nach England. Wm. Penn mag Manches von Fox über die Neue Welt jenseits des Meeres vernommen haben, mit der sein späteres Leben so eng sollte verknüpft werden. Georg Fox aber wurde am 17. Decbr. jenes Jahres wiederum wegen einer für den öffentlichen Frieden bedenklichen Versammlung zu Worcester in's Gefängniß geworfen. Nach verschiedenen Quälereien und Umständlichkeiten wurde er erst Ende des Jahres 1674 freigesprochen.

Wir können eine Controverse übergehen, welche Wm. Penn mit einem Glied der Quäkerschaft selber hatte, mit John Perrot, der excentrischen Wesens war und unter Anderem den Hut während des Betens in der Versammlung nicht abnehmen wollte. Die Folge war, daß die Quäker ihn nicht mehr als einen der Ihrigen anerkannten und er selbst von ihnen austrat. Auch deutete der an sich unbedeutende Umstand den Quäkern an, daß es um eine ungebundene Willführ etwas Gefährliches sei und auch ihre Gesellschaft ohne eine Disciplin, ein Ordnungsgesetz nicht bestehen könne.

Mit Amerika brachte die Lage der Quäker in Maryland, wo zuerst allen Bekenntnissen der Christenheit eine Freistätte war eröffnet worden, Wm. Penn in eine gewisse Beziehung. Es hatte sich nun dort eine Anzahl von Quäkern angesiedelt, waren aber, da sie dort sollten in verschiedenen Fällen beeidigt werden, in Verlegenheit und litten Schaden. Sie hatten eine Jahresversammlung schon 1672 am Westriver gehalten. Wm. Penn verwendete sich für sie bei Lord Baltimore, dem Eigenthümer der Provinz Maryland. Und es scheint, daß sein Einfluß ihnen zu statten kam.

Karl II. ſah ſich genöthigt, ſeine *Declaration of Indulgence*
im Jahre 1673 zu widerrufen. Eine Parlamentsacte, welche zu
Gunſten p r o t e ſ t a n t i ſ c h e r Nonconformiſten im Parlament
eingebracht wurde, ſtieß im Haus der Lords auf Widerſtand. So=
mit waren die Geſetze, welche gegen alle Diſſenters früher erlaſſen
waren, wieder in Geltung und fanden ihre Anwendung auch auf die
Quäker. Wm. Penn wurde zunächſt unmittelbar davon in ſo fern
betroffen, daß die Obrigkeit eine Verſammlung in M i d d l e ſ e x,
in welcher er zugegen war, gewaltſam ſprengen ließ. Für ſeinen
damals eingekerkerten Freund G. Fox verwendete er ſich perſönlich
beim Herzog von York, nachdem er ſich fünf Jahre hindurch bei Hof
nicht mehr hatte ſehen laſſen. Da man die Quäker damals auf's
Neue viel mit dem *Oath of Allegiance* quälte, ſo ſchrieb er eine
im Jahre 1775 publicirte Abhandlung über den Eid, worin er zehn
Urſachen anführte, warum Quäker allerdings nicht ſchwören können.
Die Schrift machte auf das Parlament, an welches ſie gerichtet war,
keinen Eindruck. Die böswilligſte Verfolgung wurde fortgeſetzt.
Man riß Eltern von zarten Kindern hinweg und warf ſie in's Ge=
fängniß. Man trieb den Leuten ihr Vieh, der Wittwe ihre Kuh als
Strafe hinweg. Scheuern voll Korn wurden ausgeleert, das Korn
verkauft. Es war wiederum eine Zeit der roheſten Bedrückung.
Nun ſchrieb Wm. Penn: "*England's present Interest considered
with honour to the Prince and safety to the People,*" etc.
Er erinnert die Bürger Englands an die Geſchichte und den Fort=
ſchritt der bürgerlichen Freiheit unter ihnen und daß ſie ihre großen
Rechte ſchon vor der Reformation gehabt haben, namentlich daß der
engliſche Bürger ein Recht an ſein Eigenthum und Freiheit der
Perſon gegen willkürliche Gewalt längſt genieße. Selbſt die *Magna
Charta* vom Jahre 1215 beſtätige mir die uralten britaniſchen und
ſächſiſchen Rechte eines Bürgers. (Ausdrücklich heißt es da, daß
kein freier Bürger an ſeiner Perſon oder Eigenthum irgend beſchädigt
werden dürfe, als nach einem Wahrſpruch ſeiner Standesgenoſſen
und nach den Landesgeſetzen, und daß Gerechtigkeit weder verkauft

noch verweigert werden dürfe.) Wm. Penn wollte seinen Landsleuten eigentlich zum Bewußtsein bringen, was sie sich selber schuldig seien. Auch habe das alte Gesetz Englands eigentlich mit der Religionsfrage gar nichts zu thun. Eine Regierung werde immer dadurch gerade stärker werden, daß sie Leute verschiedener religiöser Ansicht gleichmäßig dulde und schütze. Dies ist ein Gedanke, mit welchem Wm. Penn seiner Zeit in der That weit voraus war.

Nochmals fand er Anlaß, die Feder für seine mißhandelten Glaubensgenossen zu ergreifen in: "The continued cry of the oppressed for justice," etc. Er schildert hier an Beispielen die jammervolle Lage der Quäker. Auch an den Stadtrath von Emden in Deutschland, wo eine Anzahl von Quäkern hart bedrückt wurden, wendete er sich mit einem lateinischen Schreiben. — Ueber eine Controverse, welche er 1674 mit dem gegen die Quäker sehr eingenommenen Richard Baxter, dem bekannten Verfasser des Buchs „Die Ruhe der Heiligen" hatte, wissen wir nichts Befriedigendes.

Nicht lange nachher wurde Wm. Penn in Verhältnisse verwickelt, die ihm zur Vorbereitung auf sein Werk in Pennsylvanien werden sollten.

Der Herzog von York hatte im Jahre 1664 von seinem großen Gebiet in Amerika an Lord Berkeley und Lord Carteret den District überschrieben, der zwischen dem Delaware-Fluß und dem Hudson-Fluß und Atlantischen Meere liegt, jetzt New Jersey. Im Jahre 1675 verkaufte Berkeley den ihm zugefallenen Theil an John Fenwick als Bevollmächtigten des Edward Bylling e. Beide waren Quäker und als sie über den Besitz unter sich in Streit geriethen, wählten sie Wm. Penn als Schiedsrichter. Fenwick aber weigerte sich die Entscheidung Wm. Penn's gelten zu lassen. Endlich ließ er sich überzeugen, segelte mit seiner Familie und einigen andern Quäkern im Schiff Griffith an den Delaware und siedelte sich an, wo jetzt Salem liegt. Beinahe zwei Jahre hindurch landete kein englisches Schiff an der Westküste von New Jersey. Indessen sah sich Edw. Byllinge genöthigt, zur Befriedigung seiner Gläubiger den ihm zugefallenen Theil des Landes zu verkaufen. Auf sein inständiges Bitten hin übernahm Wm. Penn mit zwei der Gläubiger, Gowen Laurie von London und Nikol Lucas von Hartford, die Ausführung der Sache. Auf diese Weise vermittelte Wm. Penn hauptsächlich die Ansiedelung von New Jersey und stellte daselbst eine Colonial-Regierung fest. Es war Vorarbeit für seine spätere Aufgabe in Pennsylvanien. Im Frühjahr 1676, einhundert Jahre vor der Unabhängigkeits-erklärung von dreizehn vereinigten Provinzen, wurde eine Art Verfassung unter dem Namen: "*Concessions and Agreements of the Proprietors, Freeholders and Inhabitants of the Province of West New Jersey*" von Einhundert und einundfünfzig Colonisten unterschrieben. Im Sommer desselben Jahres wurde New Jersey förmlich nach einer Linie „von der Ostseite von Little Egg Harbor nordwärts bis an den obersten Zweig des Delaware-Flusses" getheilt. Carteret erhielt die New York zunächst liegende östliche Hälfte, welche großentheils bereits angesiedelt war; Byllinge, Wm. Penn u. A. erhielten das noch unangesiedelte, im Besitz der Indianer befindliche westliche Gebiet.

Wm. Penn und die Mitbevollmächtigten in England forderten nun den in der Colonie ansässigen und hochangesehenen Quäker Richard Hartshorne auf, mit zwei andern, James Wasse und Richard Guy, in ihrem Namen der Provinz eine gehörige Verfassung zu geben. Sie stellen als Grundzüge derselben fest, daß sie den Ansiedlern jene Zugeständnisse (*Concessions*) mit der Zustimmung der Quäker selbst gemacht haben, daß damit ein Grund für kommende Geschlechter gelegt sei, wie Männer und Christen ihrer Freiheit sich bewußt bleiben und sich ohne ihre eigene Zustimmung nicht in Abhängigkeit bringen lassen sollen; denn die Gewalt sei in die Hand des Volkes selbst gelegt; das Volk solle nach einem bestimmten Verhältniß Männer wählen, welche als Assembly Gesetze machen und aufheben, einen Gouver-

neue wählen und zur Handhabung der Gesetze ihm zwölf Männer an
die Seite stellen sollen. Niemand dürfe arretirt, verurtheilt, einge=
kerkert oder an Geld und Freiheit gestraft werden, außer durch den
Urtheilsspruch von zwölf benachbarten Männern; Niemand dürfe
wegen Schulden inhaftirt werden; sein Besitz zwar soll verkauft, er
aber freigelassen werden, damit er arbeiten möge; Niemand dürfe
über Gewissenssachen und Gottesdienst irgend angefochten werden.
Man sieht, daß die Erfahrungen in England der Gesetzgebung für
die Colonie in der Neuen Welt zu Rathe gezogen wurden.

West New Jersey wurde in einhundert Parcellen getheilt, von
diesen wurden zehn an Fenwick verschrieben, Lord Berkeley mit Geld
abgefunden, die 70 anderen Parcellen sollten zur Befriedigung der
Gläubiger Byllinge's verkauft werden an Ansiedler. Man lud nun
durch öffentliche Anzeigen ein zum Ankauf und zwar Quäker und An=
dere, warnte aber auch davor, daß Niemand dabei nur blindlings
dreinfahre und etwa Pflichten gegen die Seinigen verletze, daß Je=
der vielmehr die Sache vor Gott wohl überlegen und darauf ausge=
hen solle, im Einverständniß mit seinen Angehörigen zu handeln.

In den Jahren 1677 und 1678 segelten sofort fünf Schiffe mit
800 Emigranten, meist Quäker, nach West New Jersey. Zwei
Quäkergesellschaften, die eine von Yorkshire, die andere von London,
kauften einen bedeutenden Strich Landes an. Im Jahre 1677 sand=
ten die Eigenthümer Commissionäre hinüber, um den Ankauf des
Landes von den Indianern ordentlich zu vollziehen, das Land an die
Käufer und Colonisten zu vertheilen, und die Regierung zu handha=
ben. Sie kamen mit 230 Mitreisenden am 16. Aug. im Delaware
an, besuchten New Castle, Racoon Creek, wo, wie überhaupt an ver=
schiedenen andern Punkten um den Fluß her, Schweden sich ange=
siedelt hatten, und legten zuletzt den Grund des jetzigen Burling=
ton. Auch die Ansprüche der Indianer wurden befriedigt und für
zwanzig Meilen Land zwischen Oldman's und Timber Creek wurden
denselben unter andern Artikeln im Jahre 1677 überlassen zwanzig
Flinten, 70 Kessel, 70 Unterröcke, 70 Barren Blei, 15 kleine Fässer

mit Pulver, 70 Messer, 70 Kämme, 60 Scheeren, 60 kleine Spie=
gel, 120 Fischangelhaken, 120 Nadeln, 120 Tabackspfeifen, 100
Jews-harps und 6 *anchors of rum*. Gegen die Abgabe des letzte=
ren an die Indianer protestirten wenige Jahre später einzelne Häupt=
linge derselben und die Quäker stimmten ihnen bei. Ueberhaupt
blieb das Verhältniß zu den Indianern in jenem Theil des Landes
lange Zeit ein freundliches und friedliches. Die erste gottesdienst=
liche Versammlung hielten die Quäker zu Burlington unter einem
Zelt von Segeltuch. Damit fuhren sie fort, bis Joh. Woolston
sein, das erste Haus in Burlington erbaut hatte. Nachher hielten sie
Versammlung regelmäßig in diesem Haus und in dem des Thomas
Gardner.

Die Provinz nahm bald an Einwohnerzahl beträchtlich zu und ge=
wann unter dem Einfluß und der obersten Leitung Wm. Penn's und
seiner Mitarbeiter einen erfreulichen Aufschwung. Er selber hatte
einen Einblick in die eigenthümlichen Verhältnisse, Aufgaben und
Schwierigkeiten der Colonien der Neuen Welt gewonnen und eine
Vorschule durchgemacht, die ihm bei seinem Unternehmen in Penn=
sylvanien von höchstem Werthe waren.

Kapitel VII.

Wm. Penn's zweite Missionsreise nach Holland und Deutschland (1677). — Erfolg derselben. — Rückkehr nach England.

Bereits wissen wir, daß Wm. Penn im Interesse sei=
ner religiösen Ansichten im Jahre 1671 eine Reise
nach Holland und Deutschland unternommen
hatte. Und dorthin zog er wieder im Jahre 1677.
Ueber diese zweite Missionsreise hat er uns in sei=
nem Tagebuch genauern Bericht hinterlassen, welcher viele Jahre
später (1694) mit Erlaubniß des Verfassers „zum allgemeinen Be=
sten" publicirt wurde. Für Amerika hat diese Reise das besondere
Interesse, daß sie den ersten Anstoß zu der Auswanderung aus Deutsch=
land gab, die nachher Pennsylvanien der Wildniß entriß und in einen
Garten verwandelte. Das war aber allerdings damals noch nicht in
den Gedanken Wm. Penn's.

In Gesellschaft von einigen angesehenen Glaubensgenossen wie
Georg Fox, Robert Barclay, Georg Keith, Johann
Furley u. A. segelte Wm. Penn am 26. Juli 1677 von Harwich
nach Briel in Holland. Sie fanden Reisegenossen auf dem Schiffe,
die ihnen nach ihrer Gesinnungsart Anfangs fern standen, aber doch
freundlich angezogen wurden. In Briel wurden sie von Freunden
empfangen, die sie nach Rotterdam geleiteten und gleich am fol=
genden Morgen, einem Sonntag, wurde im Hause des Kaufmanns
Benj. Furley, eines in Holland ansässigen Kaufmanns, eine zahl=
reich besuchte Versammlung gehalten, der auch einige in der Stadt
hochangesehene Leute beiwohnten. Nach zwei Tagen reiste Wm.

(58)

Penn mit G. Fox und zwei andern über Leyden und Harlem nach Amsterdam, wo eine Generalversammlung der holländischen Quäker statt fand, in welcher G. Fox besonders wichtigen Rath betreffend die Kirchenzucht und Ordnung des Gottesdiensts und christlichen Lebens gab. Es mag hier daran erinnert werden, daß die Quäker in Holland schon längst ein nicht undankbares Missionsfeld gefunden hatten. Schon in den ersten stürmischen Zeiten des Quäkerthums hatte vom Jahre 1655 an bis zu seinem Tode der begabte William Ames, der in Amsterdam wohnte, an verschiedenen Orten des Landes, freilich auch weit über dessen Grenzen hinaus zu wirken gesucht, wozu er um so mehr befähigt war, da er neben der englischen Muttersprache auch des Holländischen und Deutschen mächtig war. Neben ihm ist zu nennen der durch die Predigt G. Fox's gewonnene William Caton, der um seines Glaubens willen Gefängniß und grausames Auspeitschen erduldet hatte, dann mehrere Missionsreisen nach Holland unternahm, aber auch um seines Eifers willen Manches dulden mußte. Auch der englischen Kriegsgefangenen hatte er sich in Amsterdam leiblich und geistlich angenommen und war dort 1665 gestorben. Nach ihm war zwischen den Jahren 1663—1684 in Holland und in Deutschland missionirend für die Sache der Quäker besonders thätig Stephan Crisp, dem es an eifrigem Missionsgeist und an Verfolgung auch nicht fehlte. Diesen Sendboten möchten andere an die Seite gestellt werden. Wm. Penn fand also ein schon vorbereitetes Feld, viele Gesinnungsgenossen und manche Quäkergemeinden. Er wollte wohl auch hauptsächlich die, welche schon gewonnen waren, geistlich stärken, und da und dort, wo es möglich war, sich seinen Glaubensgenossen hilfreich erweisen.

Dazu fand er Anlaß schon in Amsterdam und zwar in weite Ferne. Er hörte, daß in Danzig, einer deutschen Stadt, die aber damals in der Gewalt des Königs von Polen war, Quäker sehr hart verfolgt wurden. Wir sehen hier zugleich, daß die neue Lehre schon durch Deutschland war getragen worden, wo sie freilich im kleinen Kreise wirkte, aber als Gemeinden bildeud im Ganzen wenig Wirkung hatte. Namentlich die quäkerischen Formen, das Aufbehalten des Hutes auch vor den Repräsentanten der Staats= oder Kirchen=Gewalt, das Dusagen zu Jedermann, die Form des Gottesdienstes und Anderes entsprachen dem deutschen Sinne keines= wegs. Wm. Penn schrieb nun von Amsterdam aus im Interesse der Verfolgten zu Danzig an den König von Polen, legte ihm die Grundsätze der Quäker vor und suchte ihm die Thorheit und das Unrecht einer solchen Verfolgung klar zu machen. Er erinnerte ihn auch an das Wort eines seiner Vorfahren auf dem Throne, König Stephan, der bei einer Gelegenheit sagte: „Ich bin König über Männer, nicht über Gewissen, König über Leiber, nicht über Seelen." Indessen hatte sein Brief zunächst keine Wirkung.

Von Amsterdam ging Wm. Penn mit Benj. Furley und Rob. Barclay nach Herwarden, die pfalzgräfliche Prinzeß Elisabeth zu besuchen, mit der er zuvor schon correspondirt hatte. Sie war eine Tochter des Pfalzgrafen Friedrich V., der kurze Zeit die unglückliche Rolle eines Königs von Böhmen spielte, und durch ihre Mutter Elisabeth eine Enkelin Jacobs I. von England. Durch ihre Schwester Sophia, die an den Churfürsten Ernst August von Hannover verheirathet war, gelangte die Krone von England an das Haus Hannover. Als der Pfalzgraf Friedrich flüchtig wurde, fand die Familie Zuflucht in Holland durch den Prinzen von Oranien. Hier gab sich Prinzeß Elisabeth wissen= schaftlichen Studien hin und führte, jung in die Schule des Lebens geführt, ein streng religiöses Leben. Mit sechszehn Jahren wies sie um ihres Glaubens willen die Anträge des Königs Ladislaus von Polen zurück; in ihrem 23. Jahre wurde sie Schülerin und Freun= din des berühmten Philosophen und Mathematikers R. Descartes (Cartesius) und wurde später Regentin eines kleinen Bezirks in West= phalen. Hier residirte sie schon 1671 bei Wm. Penn's erstem Be= such in Deutschland und hier stattete er ihr jetzt mit Rob. Barclay seinen Besuch ab, der in ein paar Tagen religiöse Gespräche und Versammlungen im engeren und weiteren Kreise umschloß und eine

ungemeine geistliche Erfrischung geboten haben muß nach Wm.
Penn's eigenem Zeugniß. Noch war damals der Pietismus
in Deutschland nicht aufgetreten. Wohl aber gab es Mystiker
genug, die in religiösen Phantasien und unklaren Gefühlen über=
schwenglichen Werth fanden und denen der quäkerische Christus „in
uns" besser gefiel, als der biblische und kirchliche Christus „für
uns," dann auch „in uns." Auch manche einfältige, fromme Seelen
empfanden das Bedürfniß, einer mehr nach innen gerichteten Religiö=
sität. Diesem Bedürfniß schienen die Quäker, die den kirchlichen got=
tesdienstlichen Formen gar kein Verständniß, wohl aber Verachtung
entgegenbrachten, gewissermaßen zu entsprechen und wenn aus ver=
schiedenartigen Gründen auch Manche dieser Angezogenen nicht förm=
lich zu den Quäkern übertraten und die bisherige kirchliche Verbindung
aufgaben, so fanden sich doch zwischen ihnen und den Quäkern manche
geistliche Berührungspunkte. Doch war der Name Quäker damals in
Deutschland sehr verachtet und gehaßt. Tiefer blickende Leute sahen
die Gefahr, welche die quäkerischen Grundanschauungen dem Chri=
stenthum selbst folgerichtig bringen mußten. Auch war wohl über die
wilde Manier, mit der die Quäker Anfangs auftraten, Vieles ver=
breitet worden und man wußte von den barocken und schwachen Seiten
der Sache mehr als man ihre besseren kannte.

Noch muß erinnert werden, daß es damals in Holland und
Deutschland, namentlich in den nordwestlichen Gegenden, nicht an
Elementen fehlte, die mit der herrschenden Staatskirche nichts zu
schaffen hatten und um so leichter mit den Quäkern Fühlung finden
konnten. Hier sind ganz besonders die Mennoniten in Holland,
in Friesland und an verschiedenen Orten Deutschlands zu nennen.
Sie hatten freilich ihr eigenes Glaubensbekenntniß und kirchliche Or=
ganisation und genossen damals schon geraume Zeit öffentliche Dul=
dung. Aber gerade zwischen ihnen und den Quäkern fanden sich Be=
rührungspunkte genug. Beide dachten über den Eid, das Waffen=
führen und Anderes gleich. In mennonitischen, wiedertäuferischen
Kreisen machte die Quäkermission am ehesten Eindrücke.

Wm. Penn reiſte nun mit G. Keith und Benj. Furley nach
Frankfurt a. M. Unterwegs beſuchten ſie zu Caſſel den be-
tagten Engländer John Dury, der ſich ſeit 1633 die vergebliche
Mühe in Deutſchland gab, Calviniſten und Lutheraner zu vereinigen.
Gleichwohl hatten, wie es ſcheint, unſere Reiſenden in Frankfurt recht
erbauliche Verſammlungen mit Reformirten und mit Lutheranern.
Vergeſſen wir nicht, daß damals Phil. Jac. Spener, der
Vater des Pietismus, an der Spitze der lutheriſchen Kirche zu Frankfurt ſtand. Vergeblich hatte ſich jener Dury zu Caſſel auch um
Spener's Sympathie mit ſeinem Plan bemüht. Daß Spener in
irgend eine Berührung mit Wm. Penn kam, davon trafen wir bis
jetzt keine Spur. Von Frankfurt wandten ſie ſich nach der Gegend
von Worms und beſuchten die nahe gelegene Ortſchaft Kriesheim (jetzt Kriegsheim), wo durch die Bemühungen der Quäker-
miſſionare William Ames und Georg Rolfe, eine kleine
Gemeinde ſchon 1657 war gegründet und durch Beſuche anderer
Sendboten ſpäter je und je aufgefriſcht worden. Noch ſoll eine Men-
nonitengemeinde ſich dort befinden. Nun kam auch Wm. Penn mit
ſeinen Begleitern dorthin am 23. Aug. 1677, war ein paar Tage
unter ſeinen deutſchen Geſinnungsgenoſſen, nahm ſogar an ihrer
Weinernte Antheil, erbaute ſich mit ihnen, verſuchte zu Mannheim
beim Pfalzgrafen Karl Ludwig ein gutes Wort für die
mancherlei Druck erleidende Gemeinde einzulegen, fand denſelben
abgereiſt, kehrte zurück am 26. Aug. nach Kriesheim, ſchrieb an den
Fürſten, hielt nochmals in einer Scheune eine zahlreich beſuchte Verſammlung, die keine Störung erlitt und bei welcher der Dorfvogt
ſelber heimlich hinter dem Scheunenthor und nicht ohne Erbauung zu-
hörte. Nicht ohne Urſache möchte Jemand fragen, ob der Dorfvogt
Deutſch von Wm. Penn hörte. Denn an engliſcher Rede hätte er
ſich ſchwerlich erbaut. Wir glauben ſagen zu müſſen, daß er von
den Fremden gutes Deutſch vernahm und zwar gerade auch von
Wm. Penn. Denn daß Penn der deutſchen Sprache mächtig war,
läßt ſich nicht bezweifeln. Höchſt wahrſcheinlich verſtand ſeine Mut-

ter, die Tochter eines Kaufmanns in Houand, wo damals as Deut=
sche gerade unter den Gebildeten sehr viel gesprochen wurde, Deutsch
und mag desselben mächtig gewesen sein, was ihrem Sohne von klein
auf zu Gute kommen konnte. Außerdem aber wissen wir, daß, als
Peter der Große im Jahre 1697 London besuchte, ihm einige
Quäker etliche ihrer religiösen Schriften überreichten. Die Lente
interessirten ihn, er mußte aber durch einen Dolmetscher mit ihnen
verhandeln. Es fand sich, daß der Czar nichts verstand als Russisch
und Deutsch. Sofort wurde Wm. Penn benachrichtigt, präsentirte
sich vor dem Czar, übergab ihm einige Bücher, die in deutscher
Sprache die Grundsätze der Quäker darstellten und redete mit ihm in
fließendem Deutsch, so daß die Zusammenkunft ganz befriedigend ver=
lief. Wahrlich—der Gründer von Pennsylvanien sollte Deutsch
verstehen.

In Worms besuchte Wm. Penn den dortigen lutherischen Predi=
ger; derselbe hatte der ersten Versammlung zu Kriesheim beige=
wohnt, und scheint nebst seiner Gattin nicht ohne eine gewisse Sym=
pathie mit Penn gewesen zu sein. Nicht lange nachher kam aber
nach Kriesheim die Botschaft, daß der Engländer, der dort Besuch ge=
macht, Eigenthümer eines Besitzthums in der Neuen Welt geworden,
welches weit größer sei als die ganze Pfalz und daß dort alle Ansied=
ler gesetzlich die vollste Gewissensfreiheit genießen sollen. Und siehe
—dorthin zogen Quäker und Mennoniten von Kriesheim und von
daher datiren sich in Germantown bei Philadelphia die Schoemaker,
Williams, Cassels, Kreys, Hendricks u. A. und von daher hatte der
District Mount Airy den Namen Krisheim und giebt es noch eine
Cresheim Street und Crisham Creek.*

Nochmals besuchte Wm. Penn Frankfurt, zog über Mainz den
Rhein hinab nach Köln, überall geistverwandte Seelen findend,

---

* Ueber dieß alles verbreitet ein gründlicher Artikel von der Hand Prof. Dr.
O. Seidensticker's im II. Band des Pa. Mag. of Hist. and Biogr., 1878,
p. 237 ff., höchst dankenswerthes Licht.

wurde am 2. September in Duisburg mit Dr. Gerhard Mastricht bekannt, der später als Glied der Frankfurter Land=Companie anderthalbtausend Acker Landes in Pennsyl= vanien ankaufte, damals aber Penn dazu dienen sollte, daß dieser Gelegenheit finde die Tochter des Grafen von Brück und Fal= kenstein zu sprechen, die den Quäkern in ihrem frommen Sinn ebenso geneigt gewesen zu sein scheint, als der Vater ihnen abgeneigt war. Zufällig liefen die Quäkerfremdlinge diesem in die Hände und er ließ sie ohne Ceremonie über die Grenze seines Ländchens bringen, die dann eine Nacht auf dem offenen Felde bei Duisburg zubringen mußten. Ueber Mosel, Emerich und Cleve kamen sie nach Utrecht. Von hier gingen Keith und Furley nach Rotter= dam, Penn aber kam am 8. September nach Amsterdam und ging dann nach Harlingen in Friesland. Hier traf er mit Georg Fox und andern Gliedern der ursprünglichen Reisegesellschaft zusam= men. Nachher besuchte er noch die Anhänger des Mystikers J. Labadie in Wiewardt in Friesland, wo es ihm besonders um die Bekanntschaft der durch ihre ungemeine Gelehrsamkeit und Frömmigkeit hochangesehenen, damals im 71. Lebensjahr stehenden Anna Maria von Schurman zu thun war, die begei= sterte Anhängerin Labadie's. Sie theilte Penn ihre Lebens= und Herzens=Erfahrungen der himmlischen Gnade mit; er ihr die seinigen. Die Labadisten aber blieben was sie waren und die Quäker auch. A. M. von Schurman ging im folgenden Jahr in's Land der voll= kommenen Erkenntniß.

Auch manche andere Städte des nördlichen Deutschlands besuchte Wm. Penn bei Gelegenheit seiner Reise. In Emden hatte seit 1675 eine kleine Quäkergemeinde sich um die Familie eines Dr. G. M. Haasbaard gesammelt, war aber vom Magistrat der Stadt vielfach geplagt worden. Haasbaard war in der Verbannung ge= storben und als Penn am 16. September dort eintraf, fand er nur noch wenige Gläubige. Er besuchte selbst den Präsidenten des Stadtrathes, Dr. Andreas, und überwies ihn mit so starken

Beweisgründen, daß derselbe hinfort das Toleranzprincip adoptirte. Neun Jahre später wurden die Quäker sogar eingeladen, sich in Emden niederzulassen.

In B r e m e n stießen Keith und Benj. Furley wieder zu Wm. Penn. An Sympathie mit quäkerischen Gedanken fehlte es nicht eben in der Stadt, aber den so gar unpopulären Namen wollten die Leute doch nicht tragen.* Der letzte Monat der Reise wurde benutzt, um nochmals eine Anzahl deutscher und holländischer Städte zu besuchen. In Köln wurde er mit D o c e n i u s, dem Bevollmächtigten des Königs von Dänemark, bekannt, der Gott dankte, daß er in seinen Tagen Wm. Penn's Angesicht sehen durfte und der ihm auch bis Rotterdam und in das Haag nachreiste, ja 1683 nach Pennsylvanien auswandern wollte, aber mit dem Gedanken schon auf trockenem Lande Schiffbruch litt; denn der Plan scheiterte an der hausbackenen Erklärung seiner Gattin, welche sagte, wo sie sei, könne sie spazieren fahren, in Amerika aber müßte sie wohl nach dem Vieh sehen und die Kühe melken. Das entschied die Sache.

In Amsterdam hatte Wm. Penn noch eine zweitägige öffentliche Debatte mit Dr. G a l e n u s A b r a h a m s d e H a a n, einem gelehrten und frommen Haupt der Mennoniten. Es handelte sich um den Anspruch der Quäker, das Christenthum am vollkommensten und reinsten darzustellen. Lassen wir dahingestellt, welcher Theil die stärkern Beweise beibringen konnte. Jedenfalls blieb das Verhältniß zwischen Mennoniten und Quäkern ein freundliches und damit hängt es zusammen, daß Wm. Penn später die Mennoniten bringend nach Pennsylvanien einlud. Deutsche und holländische Mennoniten

---

* Man braucht nur ein Paar Titel von Schriften zu nennen, die um jene Zeit gegen die Quäker erschienen, um dies begreiflich zu finden. C h r. P a u l i, Augensalbe vor die, welche sagen: Wir sind reich und haben gar satt u. s. w., sonst Quacker genannt. Danzig. — Q u ä c k e r = G r e u e l, das ist der abscheuliche, aufrührische, verdamliche Irrthumb der Neuen Schwärmer, welche genannt Quäker. Hamburg, 1664. — Neue Schwarmgeister=Brut; von den Quäkern u. s. w. 1666.

5

und Quäker sind beinahe zu gleicher Zeit mit den englischen Ansied=
lern hier angelangt und sie gründeten Germantown bei Philadelphia.
Von dort regten die deutschen Quäker zuerst in ihrer
Monatsversammlung 1688 die Frage nach dem Recht des
Sklavenhaltens an und ein Mennoniten=Versammlungshaus
stand dort schon 1708. — Auch mit dem schwärmerischen Mystiker
Joh. G. Gichtel aus Regensburg kam Wm. Penn in Amster=
dam zusammen.

Am 21. Oktober betrat Wm. Penn mit G. Fox und G. Keith wieder
nach dreimonatlicher Reise das Schiff zu Briel und sie landeten nach
stürmischer, gefahrvoller Reise zu Harwich an der englischen Küste,
nordöstlich von London. War der Erfolg der Reise auch äußerlich
unbedeutend, war auch von einem bedeutenden Zuwachs zu der
Quäkergemeinde nicht die Rede, so mochte Wm. Penn doch denken,
daß er manches gute Saamenkorn ausgestreut und manches gute
Wort zur Verbesserung der Lage seiner Gesinnungsverwandten ge=
redet habe.

Von Harwich begab sich Wm. Penn zu Pferde nach London,
wohnte einigen Quäkerversammlungen bei, wo er berichten konnte
von dem, was er erfahren und gelernt, und eilte dann nach
Worminghurst, wo er sich freute, wieder bei seiner Gattin und
seinem damals einzigen Kinde gesund und munter einzutreffen.

Noch sei erwähnt, daß Wm. Penn in seinem eignen Reisebericht
nicht ein Wörtlein zu sagen hat über die Herrlichkeit des Rhein=
thals, durch welches er gezogen war, über die Merkwürdigkeiten
aus alter Zeit, die ihm vielfach begegneten, über die Werke der
Kunst, die sein Auge sah. Für das Alles hatte er keinen Sinn.
Nur in seiner eigenthümlichen Form von Religiosität ging ihm das
Herz auf und sein praktischer Geist war von den Fragen über
Duldung und Gewissens= und Bürger=Freiheit völlig in Anspruch
genommen. Es lebte in ihm der christliche Philantropismus, den
seine Nachfolger seither als Hauptaufgabe in ihrer Weise verfolgt
haben, ohne Wm. Penn's und seiner damaligen Glaubensgenossen
Missionsgeist zu theilen.

Kapitel VIII.

Wm. Penn thätig für die Befreiung der Quäker von Eidesleistung. — Vor dem Committee des Parlamentes. — Neue Verfolgung (1678). — Wm. Penn sucht die öffentliche Meinung aufzuklären und wirkt auf die Politik. — Wm. Penn's Verhältniß zu Karl II. — Er wehrt sich für die Rechte der Colonisten von West-New Jersey (1680).

Um die Zeit als Wm. Penn wieder nach England zurückgekehrt war, waren dort die neuen Bedrückungen gegen alle Dissenters völlig im Gange. Gegen den sittenlosen König Karl II. war der Verdacht immer stärker geworden, daß er heimlich dem römischen Katholicismus in die Hände arbeite. Davor aber fürchteten sich die Bürger England's gemäß den von ihren Vorfahren gemachten Erfahrungen. So kam es, daß die schon längst bestandenen Gesetze wider die Nonconformisten, die der bischöflichen Staatskirche Zustimmung verweigerten, mit neuer Strenge in Anwendung gebracht wurden. Galt die Absicht namentlich den römischen Katholiken, so waren damit doch auch die Quäker betroffen und um so mehr, weil sie in den Augen Vieler eines verkappten Katholicismus verdächtigt waren. So kam es, besonders bei der Willkühr, die in den Händen der obrigkeitlichen Personen lag, daß Quäker, weil sie dem Gottesdienst der bischöflichen Kirche sich entzogen, monatlich um 20 Pfund gebüßt oder ihnen zwei Drittheile ihres Besitzthums genommen wurden. Eine Acte, welche die An-

(67)

wendung der Strafgeſetze auf die römiſchen Katholiken limitiren
ſollte, war im Unterhauſe, aber nicht in dem der Lords, durchge=
gangen.

Bei dieſer Lage der Dinge richtete Wm. Penn eine Petition an
das Parlament, worin er darlegte, daß Quäker den gewöhnlichen
Huldigungseid aus Gewiſſensbedenken unmöglich leiſten können, daß
man alſo Vorkehrung treffen ſollte, daß ihre Ausſage an Eidesſtatt
gelte und daß ſie, wenn ſie der Wortbrüchigkeit ſchuldig befunden
werden, geſtraft werden ſollten gerade wie Meineidige.

Er wurde im März 1678 vor ein Committee des Parlamentes
berufen. Hier erklärte er, daß er gerne bereit ſei Rechenſchaft ſeines
Glaubens abzulegen und um ſo mehr, da ſeine und ſo vieler Andern
Sicherheit davon abhänge, daß recht erkannt werde, was ſie ſeien
und wollen und daß man ſie nicht mit Andern zuſammenwerfe. Er
ſelbſt habe aber ein beſonderes Recht gehört zu werden, da er beſon=
ders ſei beſchuldigt worden, ein Papiſt, ein Jeſuit, ein Emiſſär des
Papſtes zu ſein und im Solde des Papſtes zu ſtehen. Um ſolchen
Verdachtes willen ſei er und ſeien Viele ſeiner Glaubensgenoſſen
bitter verfolgt worden. Man habe die grauſamen Geſetze auf ſie
angewendet, nicht als wolle man ſie auf andere Gedanken bringen,
ſondern geradezu ausrotten. Es ſei hart, geſtraft zu werden um
Uebertretungen willen, die Andere begangen haben. Indeſſen wolle
er ja nicht ſo verſtanden ſein, als billige er es, daß Papiſten um
Gewiſſenswillen ausgepeitſcht werden, wenn er es für ein Unrecht
halte, Quäker wegen Verdachtes des Papismus auszupeitſchen.
Vielmehr rede er nach allen Seiten hin der Freiheit das Wort, die
er ſelber beanſpruche. Ohnehin ſeien ja bloße harte Strafen gar
nicht das Mittel, Jemand auf andere Ueberzeugung zu bringen; es
ſei das kein vernünftiger Weg. Er bitte aber, jedenfalls den Druck
von Geſetzen, die eigentlich gar nicht gegen die Quäker beabſichtigt
geweſen ſeien, von dieſen zu nehmen. Denn Hunderte von Familien
ſeien jetzt dadurch der Beraubung und dem Verderben preisgegeben.

Dieſe Verantwortung vor dem Committee machte immerhin einen

Eindruck. Und gerade auch das, daß in jener Zeit großer Aufregung und Erbitterung gegen die römischen Katholiken herrschte, Wm. Penn es wagte, allgemeiner Toleranz das Wort zu reden, was damals Wenige in England zu thun den Muth hatten. Als er zum zweiten Mal vor das Committee gerufen wurde, erklärte er auf's Bestimmteste, daß er seiner eigenen Ueberzeugung nach durchaus alle die Punkte, mit welchen die Reformatoren Deutschland's und die Märtyrer England's gegen Rom aufgetreten seien, unverkürzt festzuhalten hiemit als vor dem Angesicht Gottes entschlossen sei. Alles was die ganze protestantische Kirche an Rom bekämpfe und verwerfe, bekämpfen und verwerfen die Quäker auch. Um so härter sei es, daß, während sie mit der ganzen protestantischen Christenheit die römischen Irrlehren leugnen, sie die volle Strenge der Gesetze erdulden müssen, die gegen Andere erlassen seien, deren Lehren sie selbst verwerfen. Sie sehen sich an als nützliche, friedsame Bürger; nun aber werden viele von ihnen in die Armuth geworfen. Sollen sie leiden, so wollen sie wenigstens dabei nicht für Römlinge, sondern für protestantische Dissenters angesehen werden. Sie hegen auch gegen die Regierung, unter der sie stehen, nicht die geringste Abneigung. Sie sehen die bürgerliche Regierung ohnehin als eine Ordnung Gottes an. Darum erkennen sie es auch als ihre Pflicht, allen gerechten Gesetzen Gehorsam zu leisten und in Fällen, wo sie Gewissenshalber nicht gehorchen dürfen, die Obrigkeit nicht herunterzusetzen oder gegen sie zu conspiriren, sondern geduldiges Ertragen der Gewalt gegenüber zu stellen und auf eine bessere Einsicht ihrer Gegner zu warten. Er schloß damit, daß er der Hoffnung Raum gab, daß das Parlament ihnen die Last abnehmen werde, unter welcher sie eben so ungerecht als geduldig seit so vielen Jahren gelitten haben. — Leider kam der gute Wille, den das Haus in der Sache zeigte, durch eine plötzliche Vertagung des Parlamentes nicht zum Ziel.

Im Sommer 1678 wurde England erschreckt durch den elenden Betrüger Titus Oates, der eine Katholikenverschwörung entdeckt zu haben vorgab. Er wisse, daß die Jesuiten, mit welchen

er verbunden gewesen sei, das große Feuer zu London, durch
welches im Jahre 1666 nicht weniger als 13,200 Häuser in Asche
gelegt wurden, und andere Feuersbrünste absichtlich veranlaßt
haben und daß dieselben den König zu ermorden und die
ganze Nation unter das römische Joch zu bringen beabsichtigen.
Leider fand diese auf vulgäre Vorurtheile berechnete Erfindung
Glauben, sogar beim Parlament. Ein Fasttag wurde bestimmt und
Kirchengebete angeordnet. Das Antipopery-Geschrei war nun an
der Tagesordnung. Namentlich traf der öffentliche Haß jetzt Wm.
Penn, der ihm sein Gottvertrauen entgegensetzte und seine Glaubensgenossen vor der kommenden Gefahr warnte, daß sie sich ja
nicht verlassen sollen auf den Arm, der Fleisch sei. Im folgenden
Jahre wandte er sich mit einer Schrift an alle Protestanten jeder
Confession, besonders aber an die Obrigkeit und die Geistlichkeit
und hielt ihnen ihre Pflicht vor, christliche Tugend und Menschen-
liebe zu fördern. Durch das grundschlechte Beispiel des Hofs war
die öffentliche Moralität sehr gesunken. Dann zeigt er an Beispielen der Geschichte, wie gemäß einem göttlichen Gesetze nationale
Sünden immer Verderben nach sich ziehen. In einem zweiten Theile
handelt er von den Uebeln, welche bei einer Verbindung der Kirche
mit dem Staat sich immer bemerklich machen. Man mache Glaubensartikel und gründe das Wohl der Gemeinschaft auf ihre Anerkennung. Nimmermehr könne man auf diesem Wege Alle zufrieden
stellen. Auch sei ja eine bloß äußere Anerkennung noch lange nicht der
rechte Glaube. Hier äußert er auch wieder jenen verkehrten Gedanken, daß wenn man nur bei den Bibelausdrücken bliebe und den
Glauben gar nicht formulirte, so wäre allem Streit abgeholfen.
Er vergißt, daß sich bei denselben Worten der Eine dies, der Andere
jenes denken würde und Beide es gewiß auch sagen und als für eine
ihnen heilige Sache dafür einstehen würden. Er klagt auch, daß man
die Zustimmung zu Glaubensartikeln höher anschlage als das rechte
christliche Leben. Auch sei es ein großes Uebel, daß man in Kirchen-
sachen immer das Ansehen von Menschen höher stelle als Vernunft

und Wahrheit. Und ebenso findet er es eben so unrecht als thö=
richt, daß man den Leuten einen Glauben irgend mit Gewalt auf=
zwingen wolle. Ja, er behauptet, so bald man Glaubensartikel auf=
gestellt habe, habe auch der Geist der Verfolgung begonnen. Es
gebe einen Eifer ohne Einsicht, das sei Aberglaube; es gebe auch
einen Eifer gegen bessere eigene Einsicht, das werde Parteizelotis=
mus. Nur Eifer und rechte Erkenntniß zusammen seien rechte Reli=
gion. Sie aber sei bei allem Eifer mild, mache die Leute wirklich
besser, mehr freundlich, liebevoll, geduldig und duldsam.

In ähnlicher Weise schrieb er im Februar 1679 an den Prinzen
Wilhelm von Oranien, der zehn Jahre später als König von Eng=
land die große Toleranzacte beförderte.

In diesem und dem folgenden Jahre nahm Wm. Penn einen
lebhaften Antheil an der Politik Englands. Er zeigte auch darin
seinen praktischen Sinn als ein Engländer. Der deutsche Pietis=
mus lehrte und nährte eine Weltflüchtigkeit, die den Christen von
der Responsibilität des staatlichen und bürgerlichen Lebens dispen=
sirt und ihn höchstens zum ehrenwerthen Menschen und geduldigen
Steuerzahler stempelt. Wm. Penn erkannte es als Christenpflicht,
im politischen Leben, in staatlichen Fragen dreinzugreifen, seines
Bürgerrechtes sich zu bedienen und „der Stadt Bestes“ auch auf
diesem Wege zu suchen. In England waren es schon zu seinen
Zeiten die Whigs, welche die Rechte des englischen Bürgers
und des Parlaments gegenüber der Krone zu wahren suchten,
während die Tories, die Aristokraten und Hofpartei, in der
Steigerung der Prärogative des Königthums die Sicherheit des
Staatswesens suchten. Obwohl nun Wm. Penn keinen von beiden
Parteien in Allem zustimmte oder entgegentrat, so fühlte er sich
doch zu den Whigs mehr hingezogen und wußte sich da besonders
mit dem tüchtigen Algernon Sidney verbunden. Dieser
hatte sich in der Revolutionszeit als entschiedener Republikaner
hervorgethan, wohnte nach der Restauration des Königthums viele
Jahre in der Verbannung im Ausland, durfte 1677 auf Bitten

seines Vaters zurückkehren, wurde ins Unterhaus gewählt 1678.
und trat zur Oppositionspartei. Seine Freimüthigkeit machte ihn
verhaßt, es wurde ihm ein Prozeß angehängt und am 7. Decbr.
1683 fiel sein Haupt unter dem Beil. Ihm nun als einem ein=
sichtsvollen und Recht und Freiheit liebenden Manne lieh für seine
Erwählung und für sein parlamentarisches Wirken Wm. Penn seine
Feder, weil er erwartete, daß der Sieg der Whigs der der bürger=
lichen und religiösen Freiheit sein werde. Damals suchte er auch in
der Schrift "One Project for the Good of England" zu erweisen,
daß die b ü r g e r l i c h e n und s t a a t l i c h e n Interessen aller
Protestanten in England, ob sie Bischöfliche oder Dissenters seien,
ganz dieselben seien; nichts helfe der römischen Kirche mehr als wenn
die protestantischen Parteien sich untereinander beißen und auffressen.
Unter religiöser Verfolgung leiden auch alle commerciellen und in=
dustriellen Interessen des Landes. Er trat in dieser Schrift allen
römischen Ansprüchen so entschieden entgegen, daß man hätte denken
sollen, der Verdacht des Jesuitismus würde für immer aufhören.
Und doch war das keineswegs der Fall.

Auffallend ist es, daß bei diesem Allen Wm. Penn sich der Ge=
wogenheit des elenden Königs Karls II. erfreute. Und wohl genug
wußte der König, daß Wm. Penn im öffentlichen Leben seinen Ten=
denzen opponirte. Er war aber von ihm überzeugt, daß er ein wirk=
lich ehrlicher und wohlmeinender Mann sei und das traute er nach
seiner Menschenkenntniß und umgeben von Höflingen und Schmeich=
lern sehr Wenigen zu. Natürlich wirkten die äußerlichen Umstände,
in welchen Wm. Penn sich befand, mit. Er war von vornehmer
Abkunft; schon sein Vater war eine bei Hof geachtete, mit dem Bru=
der des Königs eng befreundete Persönlichkeit gewesen; die Familie
war reich und geachtet. Wm. Penn war ein öffentlicher Mann ge=
worden, der ein Ansehen hatte auch bei Manchen, die ihn für einen
Schwärmer hielten. Und bei all' seinen Fehlern war Karl II. nicht
ein Schwachkopf; er fühlte den Werth eines Mannes wie Wm. Penn
und bewunderte vielleicht seine Freimüthigkeit mehr als er sie liebte.

Penn aber imponirte ihm gerade auch dadurch, daß er die ihm er=
wiesene Gunst nie in selbstsüchtigem Interesse, sondern zum Vortheil
namentlich seiner unterdrückten Glaubensgenossen anwendete. Und
zum Weltmann und Höfling ist der im Feuer mancher Trübsal ge=
stählte Quäker nie geworden.

Das Jahr 1680 gab Wm. Penn Anlaß, sich mit Klagen über den
damaligen Gouverneur von New York an jenen Bruder des Königs,
den Herzog von York, zu wenden. Der Gouverneur war dort
der Repräsentant des Herzogs, des Eigenthümers der Provinz, und
hatte auf einmal begonnen, in Hoarskill (jetzt Lewistown) am Ein=
gang in die Delaware Bay, von allen importirten Artikeln einen Zoll
zu erheben. Dies fühlten die Ansiedler von New Jersey als eine be=
schwerliche Last, zugleich auch als ein Unrecht. Man fragte nicht nach
ihren Privilegien und konnte man ihnen hier ohne ihre Repräsenta=
tion und Zustimmung eine Taxe auferlegen und mußten sie es sich
gefallen lassen, so konnte das wieder und wieder geschehen. Wir
wissen, zu was ein ähnliches Verfahren einhundert Jahre später ge=
führt hat.

Die Beauftragten von West New Jersey in England legten bei
dem Herzog von York Verwahrung gegen diese Zwangsmaßregeln
ein. Die ihm eingehändigte Schrift trägt durchaus den Charakter
Wm. Penn's und ist ohne Zweifel von ihm verfaßt. Und in der
That bewirkte sie, daß die Sache nach ihrer richtigen Seite untersucht
und die Taxe aufgehoben wurde; ein erster Sieg der Colonie über
das Mutterland in der Steuerfrage.

Kapitel IX.

Schon seit Jahren war, wie wir wissen, Wm. Penn in eine praktische Beziehung zu dem amerikanischen Colonialwesen gekommen und seine Bemühungen um West New Jersey qualificirten ihn für größere, umfassendere Arbeit in dieser Richtung. Seine Gedanken wendeten sich mehr und mehr auf die Frage, ob er nicht eine ausgedehnte Colonie am westlichen Ufer des Delaware in's Leben rufen könnte. Und näher kam er der Lösung der bedeutendsten, erfolgreichsten Aufgabe seines Lebens.

Sein Vater hatte dem Staat England Dienste geleistet, auf welche Ansprüche zu machen waren. Außerdem hatte er der Krone Summen Geldes vorgestreckt. Wm. Penn hatte Ansprüche auf sechszehntausend Pfund Sterling an die britische Schatzkammer. Statt des Geldes bat er sich von Karl II. einen Landstrich in Amerika aus und zwar nördlich von der Grenze Maryland's, westlich ausgedehnt so weit wie Maryland, östlich entlang dem Delaware und nördlich "so weit als bebaubar," nach damaliger Anschauung.

Ueber seine Absicht dabei sprach sich Wm. Penn deutlich genug

(74)

aus. Er wollte nicht nur seinen eigenen näheren Glaubensgenossen eine freundliche Heimstätte eröffnen, sondern die Guten und Unterdrückten aller Nationen sollten dort eine Zuflucht haben. Es sollte ein Gemeinwesen gegründet werden, in welchem die reinen und friedevollen Grundsätze und Wahrheiten des Christenthums sollten in's Leben eingeführt werden.

Penn's Bitte wurde dem „Committee des Geheimen Rathes für Handel und Colonien" übergeben. Einwürfe, die sich dagegen erhoben, wurden beseitigt; namentlich auch die Fragen betreffend benachbarte Provinzen wurden möglichst genau festgestellt, so daß die Freibriefe anderer Proprietäre nicht verletzt würden. Gleichwohl fand sich bald genug Schwierigkeit wegen der Grenzlinie zwischen Pennsylvanien und Maryland. Später glaubte sogar der Staat Connecticut Ansprüche auf Theile von Pennsylvanien erheben zu können. Bei dem damaligen Mangel an genauer geographischer Kenntniß für die in den Patentbriefen gebrauchten, bisweilen sehr unbestimmten Ausdrücke, ist dieß leicht zu erklären. Wm. Penn's Patentbrief, in altenglischer Schrift mit heraldischen Randverzierungen auf starkem Pergament wurde am 4. März 1681 von Karl II. unterschrieben. Das Document ist noch vorhanden. Gleich am folgenden Tage schrieb Wm. Penn einem Freunde, daß die Sache abgemacht sei, daß der König dem Lande den Namen Pennsylvanien verliehen habe gegen seinen persönlichen Wunsch, da er New Wales vorgezogen hätte, wohl aber um das Andenken seines Vaters zu ehren.

Ausdrücklich wird in dem königlichen Patent oder Freibrief gesagt, daß Wm. Penn die löbliche Absicht gehabt habe, das britische Reich zu vergrößern und dem Könige und seinen Besitzungen Vortheile zu bringen; auch die wilden Völker auf billige und milde Weise für die Civilisation und das Christenthum zu gewinnen. Wm. Penn und seine Nachkommen und Erben erhalten völlig unbeschränkten Besitz des Landes, bleiben aber Unterthanen des Königs sowohl wie Alle, die auf dem Landstrich sich ansiedeln. Dies zu bekräftigen sind dem

König jährlich als schuldiger Tribut zwei Biberfelle in Windfor
Caftle zu überliefern; auch gehört ihm der fünfte Theil alles Goldes
und Silbers, das etwa mag dort gefunden werden. Wm. Penn
hatte das Recht, für sein Land alle nöthigen Gesetze zu machen, nur
durften sie den Gesetzen England's nicht widersprechen; er hatte
obrigkeitliche Personen und Richter zu ernennen und das Begnadi=
gungsrecht, außer bei absichtlicher Tödtung und Hochverrath. Die
Provincial=Gesetze waren dem königl. Geheimen Rath zu unterbreiten.
Erzeugnisse der Provinz sollten nur nach englischen Seehäfen ver=
laden werden, konnten aber unter dem bestehenden Zollgesetz nach
einem Jahre überall hin verschifft werden. Einfuhr= und Ausgangs=
zölle in der Provinz mögen zum Vortheil Wm. Penn's und seiner
Erben erhoben werden, doch bleibt der Krone das Recht, Zölle
durch Parlamentsacte aufzulegen; doch dürfe die Krone
von den Einwohnern der Provinz keine Steuern erheben, ohne Zu=
stimmung des Eigenthümers und der Assembly der Provinz und
durch Parlamentsbeschluß. Wm. Penn hatte auch das Recht, ein
Heer zu bilden und zu erhalten und Krieg gegen alle wilden Nationen,
Seeräuber und Einbrecher zu Wasser und zu Land zu führen. Wenn
zwanzig Einwohner der Provinz es wünschen, so soll der Bischof
von London einen Geistlichen in die Provinz senden, der das Recht
habe, dort zu residiren. In allen zweifelhaften Fällen müße der
Freibrief in der dem Eigenthümer der Provinz günstigsten Weise aus=
gelegt werden. — Wenn es wahr ist, daß Wm. Penn den Entwurf
seines Freibriefes selbst anfertigte, so ist doch gewiß, daß, was sich
auf das Kriegsrecht bezog, von der britischen Regierung hineingesetzt
wurde, sowohl wie die Bestimmung betreffend den bischöflichen Geist=
lichen. Letztere war unnöthig; die erstere gegen den Sinn und die
Grundsätze Wm. Penn's. In einem Brief an die bereits in Pennsyl=
vanien Angesiedelten zeigt Wm. Penn an, daß sein Loos nun mit
dem ihrigen verkettet sei, daß er hoffe seine Pflicht zu verstehen und
daß die Einwohner seines Landes von Gesetzen, die sie sich machten,
regiert werden sollen und, so sie wollen, als ein freies, nüchternes
und fleißiges Volk leben mögen.

Wm. Penn ſandte William Markham, einen Verwandten
von ihm, als Deputirten. Seine Abordnung datirt vom 10. April
1681; am 21. Juli traf derſelbe in New York ein. Das Territorium
von Pennſylvanien, das bisher zum Berufskreis des Gouverneurs von
New York gehörte, wurde ihm von dieſem übergeben und er kam nach=
her mit Lord Baltimore in Upland, dem jetzigen Cheſter in Pennſyl=
vanien, zuſammen. Hier wurde nun die Entdeckung gemacht, daß
nach dem Wortlaut des Patents von Maryland, dieſe Provinz ſich
bis an den Schuylkill Fluß nordwärts erſtrecken würde. Nun war es
Wm. Penn darum zu thun, den Herzog von York dazu zu beſtimmen,
daß dieſer ihm den Landſtrich am weſtlichen Ufer des Delaware, auf
den er einen Anſpruch hatte, förmlich abtrete, was denn auch wirklich
zu Stande kam. Es iſt dies hauptſächlich das Gebiet, welches nach=
her lange “The Lower Counties” hieß und den jetzigen Staat Dela=
ware bildet. In einer beſondern Schrift lud nun Penn in England
ein zum Ankauf von Land und zur Anſiedelung in ſeiner ausgedehn=
ten Provinz, von der er zugleich eine Beſchreibung gab. Es ſeien
fünftauſend Acker Landes für einhundert Pfund Sterling zu haben,
je einhundert Acker bezahlen von 1684 an jährlich einen Schilling
Rente. Wer Land lehnungsweiſe nehme, bezahle für den Acker jähr=
lich einen Cent. Wer Arbeiter mitnehme, ſoll für jeden Arbeiter
fünfzig Acker frei haben. Denen, die ſich bei einem Auswande=
rungsplan gerne Phantaſiebilder vormalen, gibt er ernſte Warnung
und macht ſie auf die Entbehrungen und Enttäuſchungen aufmerk=
ſam, die in den erſten Jahren ihrer ſicher warten. Niemand ſolle
dergleichen wagen, ohne ſeine Sache Gott anzuempfehlen. Ueberall
hatte er auch das Recht der Indianer und ihr Beſtes im Auge. Es
ſolle vor dem Geſetz der Indianer gerade ſo gut ſein wie der
Weiße. Nach dem Völkerrecht gehöre das Land eigentlich den
Indianern. Die Summe von ſechstauſend Pfunden, die ihm Je=
mand für ein Monopol des Handels mit den Indianern zwiſchen
Delaware und Susquehanna bot, ſchlug er aus, um die Controle
über den Verkehr mit den Indianern nicht aus den Händen zu ge=

ben. Ihm war es wirklich darum zu thun, ein Gemeinwesen in sei=
ner Provinz darzustellen, das andern Völkern zum Muster dienen
sollte. Dafür, so sagte er, sei in der Alten Welt kein Raum mehr.
Er glaubte, unter ganz andern äußern Verhältnissen würden die
bessern Seiten des Menschen hervortreten. Niemand hat die
Schlechtigkeit der Menschen in einem vielbewegten Leben gründlicher
kennen gelernt; Niemand mehr einen Glauben an die Menschheit be=
wahrt als Wm. Penn.

Als er im Herbst 1681 drei Commissäre nach Pennsylvanien
sandte, W. Crispin, G. Bezar und Nath. Allen, legte
er ihnen das Wohl der mit ihnen Auswandernden sehr an's Herz,
beauftragte sie, die beste Lage an tiefem Flußufer für eine künftige
Hauptstadt auszusuchen, dabei 10,000 Acker Landes für dieselbe ab=
zugrenzen. Er forderte, daß sie in Allem mit unparteiischer Gerech=
tigkeit verfahren und gegen Jedermann zuvorkommend seien; das sei
der Wille des Herrn und sei an sich weise; sie sollen sich hüten, die
Indianer nicht zu beleidigen, mit ihnen Bündniß und Freundschaft
schließen und im Umgang mit ihnen sich ernsthaft benehmen, denn
Leichtfertigkeit, Lachen und dergleichen stoße sie ab. Ihr Land solle
ihnen in Wm. Penn's Namen von Zeit zu Zeit abgekauft werden.
Auch an die Indianer selbst schrieb er einen Brief.

Das erste Schiff, das in Pennsylvanien landete nach Abtretung
der Provinz an Wm. Penn, war "John and Sarah of London,"
Capitän H. Smith. Das zweite, von Bristol, gelangte am 11.
December nach Upland (Chester), wo dann die Ankömmlinge, da sie
Häuser sahen, ans Land gingen und, da der Fluß über Nacht zufror,
den Winter über dort blieben. Sie hatten Vorräthe mitgebracht
und überdies wurden sie von den Ansiedlern, die sie vorfanden,
freundlich aufgenommen. Mit Ausnahme der Indianer lebten da=
mals etwa 2000 Seelen, meist Schweden und Engländer, auf dem
westlichen Ufer des Delaware. Es fanden sich sechs gottesdienstliche
Gebäude, drei hatten die Schweden, drei andere die Quäker errichtet.

In England selbst hörten die Bedrückungen der Quäker damals

noch nicht auf. Namentlich in B r i ſt o l wurden von übelwollen=
den Magiſtratsperſonen die alten Geſetze gegen die Diſſenters mit
geſchäftiger Grauſamkeit in Anwendung gebracht. Männer, Weiber
und ſogar Kinder wurden von den gottesdienſtlichen Verſammlungen
hinweg ins Gefängniß geworfen und mit ſchweren Geldſtrafen be=
legt, ſo daß ihre Vermögensverhältniſſe zerrüttet wurden. Vergeb=
lich ließ es ſich Wm. Penn viele Mühe koſten, dieſer Unterdrückung
ein Ende zu machen. Es blieb ihm nichts übrig, als die ſo ungerecht
Mißhandelten in einem ſchönen Troſtſchreiben zur Ausdauer und
zum Feſthalten an jenen Gütern zu ermuntern, die keine Erdenge=
walt uns nehmen kann. Bald nachher — anfangs 1782 — war es
nahe daran, daß er ſelbſt wieder in den Kerker geworfen wurde.
Als er in die regelmäßige Verſammlung in Grace Church Straße
in London gehen wollte, fand er den Hof des Hauſes voll von Sol=
daten. Indeſſen trat er ein, nahm ſeinen Sitz und erhob ſich nach
einer Weile um zu reden. Ein Conſtabler ſtand auf und forderte
ihn auf, ſtille zu ſein. Er ließ ſich aber nicht beirren und fuhr fort.
Nach ihm trat G. Fox auf, dem daſſelbe widerfuhr. Der Conſtabler
aber, der nicht ohne ein beſſeres Gefühl war, fand ſich von dem,
was er hörte, ergriffen und völlig entwaffnet. Er war mit einem
Angeber, Hilton, gekommen. Auch er hatte für gut gefunden ſich
zurückzuziehen. Der Conſtabler aber machte von ſeinem Verhafts=
befehl keinen Gebrauch, ſondern ging nach Hanſe.

Im Anfang des Jahres 1782 verlor Wm. Penn ſeine Mutter,
die ihm durch ihre mütterliche Milde und Theilnahme und durch
ihren weiſen Rath unendlich viel in ſeinem ernſten Lebensgang
werth geweſen war und an der er mit herzlicher Liebe hing. Ihr
Tod ging ihm ſehr nahe und es wird erzählt, daß er in Folge davon
mehrere Tage krank gelegen habe.

Viel war er um jene Zeit mit ſeinen amerikaniſchen Angelegen=
heiten beſchäftigt. Er ging bereits mit dem Gedanken um, nach
ſeinem Pennſylvanien ſelbſt zu reiſen. Zunächſt aber erſchien es
als das Allernothwendigſte, der Provinz eine möglichſt gute Ver=

faſſung zu geben. An dieſe Arbeit machte er ſich nun mit großem Eifer, bediente ſich aber zugleich des Rathes ſolcher Freunde, die durch klaren Blick und innere Freiheit von Vorurtheilen ihm zur Unterſtützung in der ernſten Sache werden konnten. Es gab damals, als verſchiedene Provinzen an der Weſtküſte Nord-Amerika's in geſetzliche Ordnung unter beſtimmte Verfaſſungen zu bringen waren, Gelegenheit, wahrhaft ſtaatsmänniſchen Verſtand und weitſchauenden Fernblick zu beweiſen. So entwarf der früher genannte John Locke, der berühmte Philoſoph, mit dem Wm. Penn ſchon in ſeiner Jugend befreundet geweſen war, eine Verfaſſung für die damalige Provinz Carolina und trug darin gleich auch eine Adelsklaſſe von der Alten auf die Neue Welt über. Davon hätte ſich reden laſſen, wenn eine ſehr bedeutende Anzahl altadeliger engliſcher Familien, dorthin ausgewandert, ihr Vermögen transponirt und in die Geſchichte der Colonial-Provinz tüchtig eingegriffen hätten. So aber wie die Dinge ſtanden, war der Adel in Carolina eine alte roſtige eiſerne Ritterrüſtung mitten drin in einem modernen Kleiderſchrank und neumodiſchen Anzügen. Der Adel kann nur aus der Geſchichte eines Volkes als natürliches Reſultat hervorwachſen, mit bloßem Pergament der Verfaſſung läßt er ſich nicht erzeugen. Ein Colonialboden aber iſt ſeinem ganzen Weſen am meiſten zuwider. Da herrſcht mehr als irgendwo ſonſt das Princip der ſocialen Gleichheit und da hat man ſociale geſchichtliche Reſultate noch nicht hinter ſich, ſondern vor ſich. Kein Wunder, daß Locke's Verfaſſungsplan in Carolina gar bald in die Brüche ging. Ein ganz anderes Schickſal hatte Penn's Werk, das zuerſt im April 1682 ans Licht der Oeffentlichkeit trat. Mag auch Manches davon unter den eigenthümlichen und wechſelnden Verhältniſſen einer raſch emporblühenden und ausgedehnten Colonial-Provinz der Veränderung in Nebenſächlichem unterworfen geweſen ſein, die ſocialen und ſtaatsmänniſchen Grundgedanken, von welchen Wm. Penn ausging, ſind im geſchichtlichen Leben Pennſylvanien's und Nordamerika's Fleiſch und Blut geworden und bringen weiter und weiter in's Bewußtſein

der Welt ein. Gerade auch seine religiösen Anschauungen und seine,
wenn wir so sagen wollen, kirchliche Verbindung leiteten Wm. Penn
darauf hin, die Gesellschaft seiner Provinz auf einer im besten
Sinne des Wortes demokratischen Basis aufzubauen, und
ohne diese Grundlage wäre Pennsylvanien und der Staatenbund
Amerika's, dessen Größe die Welt anstaunt, dessen Segen jetzt schon
nahezu fünfzig Millionen Menschen genießen, nie geworden, was sie
sind. Gerade auch aus der religiösen Ueberzeugung Wm. Penn's
ging jene Anerkennung der Rechte und des Werthes jedes einzelnen
Menschen hervor, welche unserer Gesetzgebung und Verfassung ihre
eigenthümlichsten Züge gibt. Dort ist das Palladium unserer bürgerlichen Gleichstellung und Freiheit. Diese Grundanschauungen
vom Staatsleben gingen bei Wm. Penn aber nicht aus philosophi-
schen Abstractionen hervor, sondern waren bei ihm nur die Anwen-
dungen der einfachsten Wahrheiten des praktischen Christenthums
auf das bürgerliche Leben. Das eben wollte er — das Christenthum, wie er es auffaßte, zum Band der Ordnung des Rechtes und
der Freiheit in seinem Gemeinwesen werden lassen. Er traute den
Menschen vielleicht zu viel Gutes zu. Seine Theorie war den Verhältnissen voraus. Vielleicht unsere ganze Staatstheorie setzt bessere
Menschen voraus, als wir zumeist finden und Tausende sind der
Freiheit nicht würdig. Aber macht äußerer Zwang die Menschen
wirklich besser? Es gilt, sie durch christliche Bildung auf den höheren
Standpunkt emporzuheben.

Die Vorrede, welche Wm. Penn seinem Verfassungsentwurf
voraussendet, beweist, wie Vieles er über diese und andere Fragen
in seinem Geiste bewegt hatte. Und wenigstens das wollen wir daraus hervorheben, daß die wahren Grundlagen des bürgerlichen
Wohls, Weisheit und Tugend, keine Dinge seien, die sich wie weltliche Güter, von Geschlecht zu Geschlecht vererben, sondern daß dazu
eine Erziehung zur Tugendhaftigkeit gehöre und sie also die besondere Aufgabe gerade auch der Obrigkeit sei. Freiheit ohne Unterordnung werde Verwirrung; Unterordnung ohne Freiheit Sklaverei.

6

Die Conſtitution ſelbſt beſteht aus 24 Artikeln. Die Regierung
ruht auf dem Gouverneur und den freien Bürgern, in Form eines
Provinzialrathes und einer allgemeinen Aſſembly; ſie beide machen
Geſetze, errichten Gerichtshöfe, wählen Beamte und beſchäftigen ſich
mit den allgemeinen Angelegenheiten der Provinz. Die Bürger
wählen die Glieder des Rathes und der Aſſembly, in beſtimmten
Verhältniſſen. Im Rath präſidirt der Gouverneur oder ſein Depu-
tirter und er hat drei Stimmen. Alle Geſetze ſind von ihm und dem
Rath vorzubereiten und dreißig Tage, ehe die Aſſembly ſie zum Geſetz
macht oder verwirft, zu publiciren. Der Gouverneur und Rath haben
die Verantwortung über den öffentlichen Schatz, die Execution der
Geſetze, die Verwaltung des öffentlichen Schulweſens, die Beförderung nützlicher Künſte und Wiſſenſchaften in ihrer Hand. Jährlich
haben die Bürger die Glieder der Aſſembly durch Ballot zu erwäh-
len; die Aſſembly ſoll ſich in der Hauptſtadt der Provinz verſam-
meln. Es war auch vorgeſehen, daß gemäß zwingender Nothwen-
digkeit der Umſtände Aenderungen der Verfaſſung geſetzlich geſchehen
konnten.

Auf dieſer allgemeinen rechtlichen Grundlage ruhten vierzig Geſetze, welche für das öffentliche Leben als Richtſchnur galten. Wegen Gewiſſensüberzeugung oder religiöſer Anſicht ſoll Niemand
angefochten werden; wer wahlberechtigt ſein wollte, hatte gewiſſe
Bedingungen zu erfüllen; Taxen konnten nur durch Annahme eines
darauf bezüglichen Geſetzes erhoben werden; Jedermann ſollte das
Recht haben, vor dem Gericht ſeine eigene Sache zu führen; jeder
Prozeß war von Geſchworenen zu entſcheiden; Eide ſollten nicht gefordert werden; alle Gefangene ſollten arbeiten u. ſ. f., alle Glieder
des Rathes, der Aſſembly und der Gerichte, ſollten Bekenner des
chriſtlichen Glaubens ſein und frei von Charakterflecken. Wer den
Glauben an einen allmächtigen Gott und Herrn der Welt bekennen
und friedlich und gerecht leben wolle, ſoll wegen ſeiner ſonſtigen beſondern Glaubensanſichten und der Form ſeines Gottesdienſtes in
keiner Weiſe beſchwert oder zu irgend einer Art von Gottesdienſt ge-

zwungen werden.   Am erſten Wochentag ſoll gewöhnliche werktäg=
liche Arbeit verboten ſein; Gottesläſterung, Fluchen, Trunkenheit,
Diebſtahl, Duelle, Mord werden beſtraft; Theater, Kartenſpiel,
Würfelſpiel, alle Glücksſpiele ſind verboten.

Dieſer ganze Verfaſſungsentwurf erlitt nachher, wie zu erwarten
war, Modificationen.   Aber ſeine eigenthümlichen Züge finden ſich
noch in der Conſtitution von Pennſylvanien und hatten ihren Einfluß
auf die Geſetzgebung anderer Staaten und die Bildung der Conſti=
tution der Ver. Staaten.   Nach ſchweren Erfahrungen war der
Grundſatz der Gewiſſensfreiheit ſchon zuvor in Rhode Island
und aus Rückſichten der Expedienz in Maryland von einem rö=
miſch=katholiſchen Landeseigenthümer anerkannt.   Wm. Penn ſtellte
ihn auf um ſeiner innern Wahrheit und Vernünftigkeit willen.   Nicht
zu überſehen iſt, daß das Strafgeſetz Penn's, verglichen mit dem da=
mals in England geltenden, ſehr mild und human iſt und daß es
zugleich auf die Beſſerung des Beſtraften abzielt.   „Das bloße
Strafen iſt der gröbſte Theil des Regierens," ſchrieb er.   Daß es
zwiſchen dem ſich ſelbſt ächt demokratiſch regierenden Volk der Pro=
vinz und zwiſchen der Krone mit ihren Pärogativen nicht ohne Con=
flict abgehen werde, ſtand zu erwarten.

Kapitel X.

s läßt sich leicht denken, daß Wm. Penn ein Verlangen in sich trug, die schöne Provinz in der Neuen Welt, die er nun sein Eigenthum nennen durfte, auch selbst zu sehen. Rechtlich war ihm nicht nur diese Provinz in aller Form zugeschrieben, sondern nach vielen Verhandlungen jene „Territorien" (*the Lower Counties*), welche New Castle mit 12 Meilen Land umher und alles Land von da bis Cape Henlopen umschließen. Für jenes sollte er an den vorherigen Eigenthümer, den Herzog von York, jährlich fünf Schillinge Rente, für diese, wenn verlangt „am Fest des Erzengels Michaels eine Rose" abliefern, nebst gewissen Prozenten des reinen Goldgewinnes.

Als diese wichtigen Vorfragen abgemacht waren, bestellte Wm. Penn seine Reise auf dem 300 Tonnenschiff Welcome, Capitän Rob. Greenway. Vor der Abreise aber richtete er ein ungemein schönes Abschiedsschreiben an seine Gattin und seine Kinder. Er versichert sie vorerst seiner Liebe, die an Zeit und Ewigkeit keine Schranke habe. Dann wendet er sich besonders in den zartesten, innigsten Worten an seine Gattin; er müsse, da er ja nicht wisse, ob er sie je wieder hienieden sehen werde, sein Herz noch vor ihr ausschütten. Er ermahnt sie, in der Furcht und Liebe Gottes zu beharren, den gottesdienstlichen Versammlungen fleißig beizuwohnen; auch täglich mit der Familie Hausgottesdienst zu halten; die Angelegenheiten des Hauses sich leichter zu machen durch eine bestimmte Eintheilung der Zeit und der Thätigkeit und sich ja nicht mit widerspenstigen Dienstboten zu plagen; es sei besser, solche zu bezahlen und gehen zu lassen, als viele Worte zu verlieren. Er bittet sie auch, gute Rechnung zu führen und bis seine Schulden bezahlt seien, ökonomisch zu verfahren; wisse er ja, daß sie um den eiteln Glanz der Welt nichts gebe; er denke an das Wort ihres Vaters: „Am Reichthum liegt mir's nicht, aber daran, keine Schulden zu haben." Er habe nicht nöthig, sie zu bitten, fein in der Demuth, Gütigkeit und Geduld zu bleiben; er wisse, diese Eigenschaften habe sie. Sie solle in der Stille Umgang mit Gott halten und andere Freundschaften ja nicht zu einer Last werden lassen. Dann legt er ihr die Kinder gar nachdrücklich an's Herz. Sie solle sie doch zu allem Guten anhalten und bei dem göttlichen, einfältigen Wege, auf dem sie, die Eltern, selbst gehen. Der Weltgeist soll nicht in's Haus kommen. Ein frommes Herz sei der rechte Grund und Anfang aller Bildung auch in geselliger Hinsicht. Sie solle die Kinder lehren, sich gegenseitig lieben und sie solle bei ihnen Alles fördern, was dazu diene. An ihrer Erziehung sei nichts zu sparen. Nur soll, was sie lernen, einen nützlichen Zweck haben und ja der Frömmigkeit keinen Abbruch thun; er erinnert an praktische Mathematik, besonders auch an Landwirthschaft. Vielleicht sei es besser, die Kinder zu Hanse unterrichten zu laſſen, als in Schulen zu ſchicken, wo ſie oft anch viel Schlechtes lernen. Auch wolle die natürliche Neigung beobachtet ſein mit Be= ziehung auf's Lernen. Er denkt ſchon an das Verhältniß, in welchem die Mutter zu den Kindern ſtehen ſoll, wenn ſie ſchon herangewachſen. Dann, nach herzlichem Segenswunſche, wendet er ſich zu den Kindern und gibt ihnen heilſame und liebevolle Ermahnung. Beſonders bindet er ihnen den Gehorſam gegen ihre Mutter auf's Herz, mahnt ſie zum Fleiß, zur Sparſamkeit, aber beſonders auch zum wohl= thätigen Sinn gegen Arme und Nothleidende, zur Demuth, zur Selbſtbeherrſchung, zum freundlichen Benehmen gegen die Lente, zur Vorſicht im Umgang mit Andern und in der Freundſchaft; Schmeichler ſollen ſie meiden; ſich in Eſſen und Trinken der Mäßig= keit befleißigen, vorſichtig ſein im Reden über Andere, ſich nicht in anderer Leute Sachen miſchen, guten Rath zu ſchätzen wiſſen und ihr Lebenlang Gott vor Augen und im Herzen haben und namentlich auch ſich unter einander herzlich lieben.

Die Kritik hat längſt darüber entſchieden, daß dieſer Brief auch in ſtyliſtiſcher Hinſicht ein wahres Muſter iſt. Durch eine Ueber= ſetzung würde er nur Schaden leiden. Wir haben aber genug von ihm vor uns, um das Herz Wm. Penn's lieb zu gewinnen und zu erkennen, daß er die Welt und die Menſchen kannte, wußte was der Jugend Noth thut und innigſt um das Wohl der Seinigen beſorgt war. Das Schreiben datirt vom 4. Aug. 1682 von Worminghurſt.

Schmerzlich bewegt war er und waren die Seinigen bei der Trennung. Etliche Freunde begleiteten ihn bis Deal, an der Südoſtküſte von England, nördlich von Dover. Dort betraten mit ihm etwa 100 Mitreiſende, meiſtens Quäker aus Suſſex, wohin auch Worminghurſt gehörte, das Schiff, von welchem aus er noch am 30. Auguſt ein Schreiben "A Salutation" an alle Glaubens= genoſſen in England erließ. Ebenfalls ſchickte er ſeinem Herzens= freunde Stephan Criſp noch ein Abſchiedswort.

Nach einer Seereiſe von etwa zwei Monaten, die damals nicht für eine lange galt, kam Land, die untern Ufer des Delaware in

Sicht. Während der Fahrt brach die Pockenkrankheit heftig auf
dem Schiffe aus, was in jenen Zeiten gar nichts Seltenes war,
raffte etwa 30 Seelen hin und verursachte viel Elend. Wm. Penn's
Zuspruch gerieth Allen, wie ein Mitreisender berichtete, zu großem
Trost und Erquickung. Und er that, was er vermochte für die Er=
leichterung der Kranken. Auch wurde oft während der Fahrt
Gottesdienst gehalten. Etwa den 24. October gelangte das Schiff
in die Bay des Delaware, am 27. nach New Castle. Sofort
wurde ihm am nächsten Tage auf Vorweisen seines Kaufbriefes,
unterzeichnet vom Herzog von York, Stadt und Landschaft förmlich
mit Ueberbringung von Rasen, Baumzweig, Wasser und Erde aus
dem Delaware übergeben. Mit Freuden war er aufgenommen und
erklärte im Stadthaus den versammelten obrigkeitlichen Personen
seine Absicht und die eigenthümlichen Seiten der Verfassung, die er
einzuführen gedachte. Sie aber gelobten mit andern Einwohnern
Treue und Gehorsam. Am 27. October traf er, zu Lande reisend,
in Upland (Chester) ein und berief die obrigkeitlichen Personen
und andere Bürger auf den 2. November vor sich zu feierlicher Hand=
lung, wo dann in ähnlicher Weise wie zu New Castle verhandelt
wurde. Bei dieser Gelegenheit gab er dem Ort den Namen
Chester und zwar auf Vorschlag seines Freundes Pearson, den
er um einen Namen fragte. Er fügte bei, daß wenn er die Counties
formire, sollte ein County den Namen tragen.

Es wird erzählt, daß Wm. Penn in offenem Boot von Chester
nach Philadelphia kam. Der herbstliche Farbenschmuck zierte die
Bäume des Waldes an den Ufern des Delaware; Schaaren von
Vögeln trieben sich auf dem Strome umher, lautlos war Alles weit
und breit. Es war wie der Eintritt in eine unerschlossene Welt.
Endlich wenige Meilen über der Mündung des Schuylkill in den
Delaware hoben sich die Ufer schroff und höher und waren gekrönt
mit herrlichen Fichten. Da in der Nachbarschaft war mit etlichen
Häusern der Anfang der Stadt Philadelphias gemacht, einer Stadt
von jetzt nahezu einer Million Einwohnern. Da warteten Wm.

Penn's schon freudig die angesiedelten Schweden und Hollän=
der und seine Glaubensgenossen, die vor ihm über das Meer gezogen
waren. Und zweifelsohne wird sein Auge auch des Landes Urein=
wohner in der Gesellschaft erspäht haben. — Damals bot der kleine
Bach, Dock genannt, südlich von der jetzigen Chestnutstraße, durch
seine weite Ausbuchtung in den Delaware einen passenden Landungs=
platz. Dort stieg Wm. Penn in einem Hause ab, das später als
"Blue Anchor Tavern" viele Jahre lang bekannt genug war. Im
Protocollbuch der Quäkerversammlung, gehalten in Fairman's
Haus in Shackamaxon (nachher Kensington, nordöstlicher Theil von
Philadelphia) lesen wir: „Monatsversammlung vom 8. des 7.
Monats (November) 1682. Zu der Zeit kam Gouverneur Penn
und eine Menge von Freunden hier an und gründeten die
Stadt Philadelphia, etwa eine halbe Meile von Shackamaxon,
wo Versammlungen eingerichtet wurden." Auch wird erzählt, daß
die Indianer nicht weniger als die Weißen ihr Bestes thaten,
Wm. Penn zu empfangen. Er aber habe es verstanden, den guten
Willen der Indianer zu gewinnen. Er ging mit ihnen umher, setzte
sich mit ihnen auf die Erde, aß von ihren gerösteten Eicheln und
Mais. Sie wurden so freudig gestimmt, daß sie anfingen zu hüpfen.
Und der sonst so ernste Wm. Penn soll es darin ihnen sogar bei der
Gelegenheit zuvorgethan haben. Wir möchten die Sache bezweifeln,
aber der Zeuge, dem wir die Nachricht verdanken, ist von erprobter
Wahrhaftigkeit. Wm. Penn kam, wie ein Schriftsteller sagt, damit
bei den Indianern weiter, als mit einem Regiment Scharfschützen.
Bemerken wir hier, daß Wm. Penn's Natur keineswegs ohne eine
Ader von Humor gewesen ist. Ja ein alter Quäker schreibt von
ihm, für einen so ernsten Prediger habe er einen Ueberschuß von
Heiterkeit gehabt. Das verkleinert uns den Mann nicht und macht
ihn uns um so lieber.

Der Plan und die Anlage von Philadelphia als der von
ihm gemäß seiner christlichen Lebensansicht also genannten künftigen
Hauptstadt der Provinz, waren Wm. Penn eine wichtige Angelegen=

Wm. Penn's Landung in Philadelphia.

heit. Bereits waren gewisse Anfänge gemacht, als er ankam, die aber seinen Wünschen nicht ganz entsprachen und er bewirkte darum gewisse Veränderungen. Die Stadt liegt auf einer Landzunge zwischen Delaware im Osten und Schuylkill im Westen. Die Straßen laufen parallel von Ost nach West und Nord nach Süd. Auf der höchsten Linie des Rückens der Landzunge theilt eine breite Avenue die Stadt in eine östliche und westliche Seite; eine zweite, ähnliche Avenue, jetzt die Marktstraße, theilt sie in eine nördliche und süd= liche Hälfte. Wo die beiden Avenues sich schneiden, dachte sich Wm. Penn die öffentlichen Stadtbauten. In unserer Zeit, wo die Stadt längst westlich den Schuylkill überschritten hat, ist sein Wunsch durch einen pompösen Marmorpalast in Erfüllung gegangen. Gewiß am Delaware war eine bessere Localität für eine künftige Großstadt und Handelsstadt kaum zu finden. Und doch konnte die bedeutende Entfer= nung vom Meer und vom Salzwasser für die Zukunft nicht zu Gunsten der Lage reden. Die Mineralschätze Pennsylvaniens, die damals natürlich unbekannt, später jedoch für Philadelphia leicht zu= gänglich zu machen waren, haben die Stadt vor dem völligen Zurück= gehen gerettet und durch sie ist sie eine der ersten Industriestädte ge= worden, als der Seehandel sich von ihr abgewendet hatte.

Die Localität des jetzigen Philadelphia war vor Wm. Penn be= reits längst theils von Indianern bewohnt (sogar in jenen Höhlen, welche in die hohen Ufer des Delaware eingegraben und später selbst von europäischen Ansiedlern benutzt wurden), theils von Weißen ange= siedelt. Den südlichen Theil des Districts hatten die Brüder S v e n, Schweden, in Kraft eines englischen Kaufbriefes inne. Im Umfang des späteren Kensington hatten sich vor Penn's Ankunft einzelne Quäker angesiedelt. Was bis zur Consolidation der Stadt mit be= sonderer Corporation als *Northern Liberties* existirte, war sechs Jahre vor Wm. Penn's Ankunft Besitz eines J u r i a n H a r t s f i e l= d e r unter einem Kaufbrief des englischen Gouverneurs A n d r o s von New York gewesen und hatte sich auf 350 Acker Landes erstreckt.

Wm. Penn hielt es für passend, einen Besuch New York, der

Provinz seines Gönners, des Herzogs von York, abzustatten. Er
wohnte auch mehreren Quäkerversammlungen auf Long Island und
in New Jersey bei. Ende Novembers nach Pennsylvanien zurück=
gekehrt schloß er den wohlbekannten Vertrag mit den Indi=
anern bei der schönen Ulme am Delaware zu Shakamaxon, im
späteren Kensington, dem jetzigen nordöstlichen Theil von Phila=
delphia. Von diesem Vertrage sagte Voltaire sarkastisch, er sei
der einzige zwischen Christen und andern Völkern geschlossene, bei
dem kein Eid, aber auch kein Bruch stattgefunden habe. Es handelt
sich aber dabei nicht um Landkauf, denn dafür findet sich kein Docu=
ment, während wir Documente haben von Ankäufen, die Markham
und Penn sonst gemacht haben. Zu größerem Ankauf war auch noch
nicht die Zeit. Aber wichtig war es, mit den Indianern in ein
Freundschaftsverhältniß zu treten. Die Localität war dazu geeignet,
weil dort die Indianer sich zuvor öfters in wichtigen Dingen ver=
sammelt und berathen hatten. Es waren drei Indianerstämme
repräsentirt, die Lenni Lenape vom Delaware; die Mingos,
ein Zweig der Iroquois aus dem jetzigen Lancaster Co., Pa., und
Shamones, die aus dem Süden an den Susquehanna gezogen
waren. Der damals 38 Jahre alte und in der besten Manneskraft
stehende Wm. Penn wird wohl von Gliedern des Provinzialrathes,
von seinem Secretär und vielleicht von andern obrigkeitlichen Per=
sonen und von angesehenen Quäkern begleitet gewesen sein. Er
trug bei dieser feierlichen Gelegenheit eine hellblaue Schärpe um den
Leib, die noch vorhanden ist. Auch die Indianer hielten sich nach
ihren Begriffen von Würde und Feierlichkeit. Sie hatten ihre
Waffen abgelegt; im Vordergrund sind die Chiefs und die alten,
erfahrenen Männer, hinter ihnen im Halbkreis sitzen die jüngeren
Männer und mit ihnen etliche der betagten Frauen. Noch weiter
zurück ist das junge Volk beiderlei Geschlechtes. Vor Wm. Penn,
der wohl im Boot an die Stelle gelangt war und nun mit seinen Be=
gleitern sich dem hell aufflackernden Versammlungsfeuer der Indi=
aner nähert, werden Geschenke getragen und auf dem Boden ausge=

Wm. Penn's Vertrag mit den Indianern.

breitet. Nun setzt sich der erste Indianerfürst das Zeichen seiner Würde, ein Horn auf's Haupt und läßt Wm. Penn durch den Dolmetsch wissen, daß die Indianer bereit seien, ihn zu hören. Da begann Wm. Penn: Der große Geist, der sie und ihn geschaffen habe, der Himmel und Erde regiere und die innersten Gedanken der Menschen kenne, wisse, daß er und seine Freunde ernstlich verlangen, mit ihnen in Frieden und Freundschaft zu leben und ihnen sich nützlich zu machen. Seine und seiner Freunde Gewohnheit sei es nicht, feindliche Waffen gegen ihre Mitmenschen zu tragen und darum erscheinen sie waffenlos. Sie wollen Niemand beleidigen oder verletzen und damit den großen Geist gegen sich aufreizen, vielmehr wollen sie Gutes thun. Diese Zusammenkunft soll dazu dienen, gutes Einverständniß und Freundschaft zwischen ihm und den Seinigen und den Indianern zu stiften. Hier entrollte Wm. Penn ein Pergament und erklärte den Indianern die einzelnen Stipulationen desselben und daß sie bindend seien für beide Theile; die Indianer sollen ein Blut und Fleisch mit den Christen sein, als ob eines Mannes Leib in zwei Theile getrennt würde. Sofort hielten die Indianer unter sich Rath und dann redete einer von ihnen im Namen ihres obersten Häuptlings; er trat vor, griff Wm. Penn bei der Hand und versprach förmlich Freundschaft und gute Nachbarschaft und daß Indianer und Engländer in Liebe zusammenwohnen sollen, so lange Mond und Sonne scheine. — Jene Stipulationen waren schriftlich verfaßt, wie aus einer Rede Gouverneur Gordons vom 26. Mai 1728 hervorgeht, der dieselben citirt. Sie bezogen sich auf das Versprechen, sich als Glieder einer Familie gegenseitig anzusehen; alle Wege im Lande sollen offen sein und ebenso die Wohnungen der Christen den Indianern und so umgekehrt; man wolle bösen lügnerischen Geschwätzen gegenseitig keinen Glauben schenken, vor Gefahr sich gegenseitig warnen, wider Uebelthäter sich gegenseitig schützen und sich in Nöthen beistehen.

Die herrliche Ulme, unter der jenes Bündniß geschlossen wurde, riß ein Sturm im Jahre 1810 nieder. Der Sturm der Zeiten hat

den Lebensbaum jener Indianer umgeworfen. Kein Sprößling
jener Geschlechter ist mehr vorhanden. Das Bündniß ist in sich
selbst gefallen. Ein kleines Denkmal verewigt jene merkwürdige
Stelle. Zwischen Wm. Penn aber und den Indianern wurde das
Versprechen gewissenhaft gehalten. Sie hatten nur Ursache, ihn zu
lieben und zu achten. Noch viele Jahre nach Wm. Penn's Tod ge=
dachten sie seiner und seiner Freundschaft bei ähnlichen Anläßen.

Sofort ließ Wm. Penn als Eigenthümer und Gouverneur seiner
Provinz eine Versammlung der Assembly nach Chester aus=
schreiben und darum Wahl der Repräsentanten. Sie erschienen
von Pennsylvanien und den sog. Territories oder Lower Counties
(damals unter dem Namen New Castle, Jones und New Deal) und
zwar am 4. December 1682. Als Sprecher wurde Nicolaus
Brown erwählt. Eine der Geschäftsregeln war, daß über einen
Gegenstand Jeder nur einmal und dabei nichts Ueberflüssiges
oder Langweiliges reden dürfe. Diese Leute konnten vor=
wärts kommen. Außer vielen andern Beschlüssen wurde ein Gesetz
in 69 Paragraphen angenommen, welches lange die Grundlage für
die Gerichtsverhandlungen in Pennsylvanien blieb. Unter seinen
Bestimmungen ist auch die, welche Wm. Penn zugeschrieben wird,
daß wenn Jemand stirbt ohne letzten Willen, so soll sein Weib und
seine Kinder in die Erbschaft eintreten, womit das Erstgeburtsrecht
Englands aufgehoben und eine für eine republikanische Regierungs=
form wünschenswerthe, gleichförmigere Vermögenslage der Bürger
erzielt wird. Im ersten Paragraphen wird völlige Religions= und
Gewissensfreiheit verbrieft, aber auch, um der Sittenlosigkeit und
Religionslosigkeit entgegen zu arbeiten, die Heilighaltung des Sonn=
tags. Kaum ist nöthig darauf aufmerksam zu machen, wie tief
letzteres Gebot mit dem ganzen Verfassungsleben auch der Provinz
Pennsylvanien verbunden war und daß man daran den Schlüssel
zum Verständniß des andern Gesetzes, das von der Gewissens= und
Religionsfreiheit handelt, hatte. Es wurde entfernt dabei nicht an
Religionslosigkeit gedacht.

In vier Tagen war die Assembly mit ihren Geschäften fertig, und am 11. December reiste Wm. Penn nach Maryland, um mit Lord Baltimore, dem Eigenthümer der Provinz, zusammenzukommen. Natürlich wurde die Grenzfrage besprochen, wobei der edle Lord indessen sich auf sein Patent berief, mit welchem der von Wm. Penn vorgewiesene Brief des Königs nicht zu stimmen schien. Vergeblich zeigte sich Wm. Penn bis zu einem gewissen Punkte nachgiebig, wurde indessen freundschaftlich behandelt und besuchte verschiedene Quäkerfamilien in Maryland. Am 27. December kehrte er nach Chester zurück, wo er als Gouverneur residirte und mit vielen Angelegenheiten des erst werdenden Gemeinwesens beschäftigt war. Er fand das Land herrlich, die Luft rein, die Quellen frisch und zahlreich, den Boden fruchtbar, die Flüsse voll guter Fische und überall Lebensmittel genug. Von hier aus, wo er den Winter über blieb, schrieb er manche Briefe, die andeuten, wie sehr seine Zeit und Kraft in Anspruch genommen war. Gewinn hatte er bis auf Weiteres von seinem umfassenden Eigenthum keinen, wohl aber war für alle möglichen vorbereitenden Schritte zunächst nur Geld auszulegen. Eine Freude war es ihm, sein Land in Quäkerhänden zu wissen und an Quäker in England drückte er diese Freude unverholen aus.

Am 10. März 1683 kam Wm. Penn mit dem Provinzialrath in Philadelphia zusammen. Zwei Tage später versammelte sich die Assembly. Der Wunsch nach einer veränderten Verfassung wurde von Wm. Penn willig aufgenommen und gewisse Aenderungen wurden getroffen, wie die Bedürfnisse der Zeit sie forderten. Auch manche neue Gesetze wurden festgestellt für die Civil- und Criminalgerichte. Dem Gouverneur wurde das Recht, von Einfuhr und Ausfuhr einen gewissen Zoll zu erheben; er wollte sich desselben aber unter den Umständen noch nicht bedienen. Mit Lord Baltimore hatte er im Mai abermals Zusammenkunft ohne einen Erfolg über die Grenzfrage zu erzielen; ja er mußte erfahren, daß derselbe Colonisten in die Drei Lower Counties einlud, als ob dieselben zu seinem

Gebiet gehören würden. Auch schloß er mit den Indianern um jene Zeit Landkäufe ab und es sind die Acten von zweien derselben vorhanden. Der eine bezog sich auf den Bezirk zwischen dem Neschaminy= Bach und dem Pennypack, vom 23. Juni 1683; der andere, vom 16. Juli, auf Land zwischen dem Schuylkill= und Chesterflusse. Es wird erzählt, daß in einem der Käufe so viel Land sollte eingeschlossen sein, als ein Mann in drei Tagen ablaufen konnte; daß Wm. Penn mit etlichen Freunden und Indianerhäuptlingen selber zu gehen begann und daß sie sich dabei gar nicht beeilten, hie und da ausruhten, sich auch an Essen und Trinken erquickten und in anderthalb Tagen etwa 30 Meilen abliefen. Wm. Penn erklärte, daß ihm das für jetzt ganz genug sei. Das Anrecht an Land, das in den zweiten andert= halb Tagen noch abgelaufen werden konnte, blieb ihm und im Jahre 1733 ließ der damalige Gouverneur von Pennsylvanien diesen Rest nachholen, wobei ein gewisser Edward Marschall 86 Meilen gegangen sein soll. Damit hat Wm. Penn nichts zu thun, die Indianer hielten es für unmöglich und es gab diese Sache Anlaß zur ersten Reibung zwischen ihnen und den Weißen, fünfzehn Jahre nach Wm. Penn's Tode.

In jenem Jahre kamen dem Provincialrath als oberstem Gericht ein Paar eigenthümliche Fälle vor. Ein Falschmünzer mit seinen Helfershelfern wurde bestraft und etliche Schweden verklagten zwei Leute, Mann und Weib, als Hexen. Die Jury erklärte nicht, daß das Weib keine Hexe, aber daß die Form der Anklage unzulässig sei. —W. Markham reiste in jenem Sommer mit Aufträgen von Wm. Penn nach England.

Der Fortgang der Colonien in Pennsylvanien war im Ganzen damals erfreulich. Von 1682—1684 kamen nicht weniger als fünfzig Schiffe an von England, Irland, Holland und Deutschland. Sie brachten Landwirthe, Handwerker, Kaufleute, hie und da einen Mann höherer wissenschaftlicher Bildung. Gerade auch aus Deutschland kamen Leute dieser Klasse und nicht ohne daß die Reisen, die Wm. Penn, wie wir wissen, dorthin gemacht hatte, dazu einen

Anstoß gegeben hätten. Schon am 10. März 1682, vor der Reise Wm. Penn's nach Amerika, wurden von ihm an zwei Kaufleute von Crefeld, einer Zufluchtsstätte mancher um ihres Glaubens willen Verfolgten, wo auch Wm. Penn's Name wohl bekannt war, und an einen dritten von Kaltkirchen, nahe bei Crefeld, je 5000 Acker Landes in Pennsylvanien käuflich übermacht. Jacob Telner, einer der drei, war zwischen 1677 und 1681 in Pennsylvanien gewesen und hatte sich das Land und die Zustände selber angesehen. Schon im Herbst 1682 entstand in Frankfurt am Main, wo Wm. Penn ebenfalls einen gewissen Eingang gefunden hatte, die Frankfurter Land-Companie, welche wohl schon bis 8. Juni 1683 nicht weniger als 15,000 Acker Landes im jetzigen Montgomery County, Pa., gekauft hatte und nachher noch andere 10,000 Acker beifügte. Sie bestand aus elf Gliedern, von welchen fünf in Frankfurt wohnten. Die meisten von ihnen sollen Anhänger Phil. Jac. Spener's gewesen sein. Kein Glied der Gesellschaft kam nach Amerika, außer Franz Daniel Pastorius, geb. zu Sommerhausen am Main, geschult zuerst in Windsheim in Mittel Franken, Baiern, und nachher akademischer Bürger zu Straßburg und Basel und zu Jena, wo er die Rechte studirte, ein Mann von vielseitiger Bildung, in sieben Sprachen bewandert, viel gereist und endlich vom Gedanken der Auswanderung nach Amerika ergriffen. Er hatte als Bevollmächtigter den Landankauf für die Frankfurt Companie vollzogen und kam nach Philadelphia am 20. August 1683; siedelte sich in Germantown unter den ersten Colonisten an und wurde im Jahre 1691, als der Ort seinen Charter erhielt, der erste Bürgermeister. Dorthin kamen Mennoniten aus Holland und der Pfalz und deutsche Quäker, die wohl aus der Mennonitenpartei übergetreten waren. Von dort aus breiteten die Mennoniten sich im südöstlichen Pennsylvanien aus. Am 12. October 1683 vollzog Pastorius den Ankauf von 6000 Acker Landes, wo jetzt Germantown steht, für deutsche und holländische Käufer. Im Jahre 1694 am 24. Juni, kam eine ganze Colonie chiliastischer Mystiker, mehr als vierzig mit

einander nach Germantown und auch unter ihnen waren Leute von
klassischer Bildung, aber freilich wenig praktischem Takt, die zum
Theil, wie Johannes Kelpius, ein beschauliches Einsiedler=
leben am Wissahickon führten, theils, wie H. B. Koster, in allerlei
andere religiöse Extravaganzen fielen. Etliche bildeten den Verein
„das Weib in der Wildniß." Mehr praktische Richtung nahm
Daniel Falkner, der auch der Frankfurter Land=Companie diente,
1701 Bürgermeister von Germantown wurde und 1700 auf einer
Reise nach Europa ein Büchlein über Pennsylvanien publicirte.
Mit Pastorius war Wm. Penn wohl bekannt und freundlich gegen ihn,
wie auch gegen die Germantowner gesinnt, denen er den Rath gab,
es mit dem Weinbau zu versuchen. Ihr erstes Gemeindesiegel trug
die Inschrift: *Linum, Vinum et Textrinum* (Lein, Wein und
Weberspuhle).

Natürlich wendete Wm. Penn seiner künftigen Provinz=Hauptstadt
besondere Aufmerksamkeit zu. Er soll sogar einen Plan für Wohn=
häuser verfertigt haben, welcher Wohlfeilheit und Bequemlichkeit
vereinigte. Die Quäker organisirten hier in Stadt und Land ihre
Monats= und Jahresversammlungen, wie sie es in England ge=
wohnt waren, und Wm. Penn trug dazu bei, eine bestimmte Ge=
meinde=Ordnung unter ihnen in Kraft zu setzen. Den schwedischen
Lutheranern kam geistliche Hilfe aus ihrem Vaterland mit dem Ende
des Jahrhunderts. Doch hatte der in Amsterdam vom dortigen
lutherischen Consistorium als lutherischer Prediger ordinirte Jacob
Fabricius nach schlimmen selbstverschuldeten Verhältnissen in
New York am Trinitatis=Sonntag 1677 angefangen, in Wiccaco,
dem südöstlichen Theil des jetzigen Philadelphia's, den schwedischen
Ansiedlern zu predigen und fuhr damit vierzehn Jahre fort, von wel=
chen er die letzten neun blind war. Es wird berichtet, daß er, der
von Geburt ein Deutscher, wenn nicht ein Pole war, auch den deut=
schen Lutheranern in Philadelphia gepredigt habe.

Im Frühjahr 1683 machte Wm. Penn eine Reise in das Innere
seiner Provinz, um sich mit ihrer Natur und Aussichten für die Zu=

kunft beſſer bekannt zu machen. Er berichtet darüber, recht wohl
befriedigt über die Reſultate, in einem Schreiben an die mit ihm
verbundene *Free Society of Traders* in England. Er redet vom
Boden und ſeinen natürlichen Erzeugniſſen, vom Waſſer, vom Reich=
thum an Thieren, vom Clima, von dem er ſagt, daß es mit Aus=
rodung der Wälder trockener und milder ſich geſtalten werde, von
den Indianern, die er in ihren „Wigwams“ beſuchte und auf die er
mit warmem Intereſſe weitläufig eingeht. Er redet auch von den
verſchiedenen Anſiedlern aus Europa, Holländern, Schweden, Finnen.
Zuletzt redet er noch von ſeinem Philadelphia. Auch eine Säge=
mühle erwähnt er. Rich. Townsend, der mit Penn gekommen
war, hatte eine fertige Mahl= und Sägemühle von London mitge=
bracht und in Cheſter aufgeſetzt. — Es ſcheint nicht gewiß zu ſein,
wie weit Wm. Penn in ſeine Provinz eindrang. Er iſt gewiß nicht
in das Gebiet gekommen, welches wir jetzt als das Innere des
Staates bezeichnen würden. Und von dem unermeßlichen Mineral=
reichthum ſeines Landes, von ſeinen Schätzen an Eiſen, Kohlen,
Oel u. ſ. w. hatte er natürlich gar keine Ahnung.

Höchſt unangenehm war für ihn die Grenzſtreitigkeit mit Lord
Baltimore und ſie war der eigentlich widerwärtige Punkt in den paar
erſten Jahren ſeiner Adminiſtration. Der Grund des Streites wa=
ren unrichtige Beſtimmungen aſtronomiſch=geographiſcher Art, ſo daß
die Freibriefe der Provinzen ſich widerſprachen und Verwirrung ent=
ſtehen mußte. Nach ſeinem Freibrief konnte Lord Baltimore alles
Land weſtlich am Delaware und ſüdlich von Philadelphia bean=
ſpruchen und die Delaware=Bay wäre zu Maryland gefallen. Und
wirklich ließ Lord Baltimore gegen Wm. Penn's Anſprüche in den
ſog. Lower Counties Soldaten einrücken. Er begab ſich auch nach
England, um perſönlich zu verfechten, was er für ſein Recht anſah.

Kapitel XI.

Wm. Penn's Rückkehr von der erften Reife nach Pennfylvanien. — In England 1684. — Neue Verfolgungen gegen die Diffenters. — Tod Karls II. — Jacob II., 1685. — Wm. Penn's nähere Beziehung zu ihm. — Unannehmlichkeiten darüber. — Entfcheidung über Lord Baltimore's Anfprüche. — Wm. Penn's dritte Reife nach dem Continent. — Indulgenz Jacob's II. und ihre Folgen. — Wilhelm von Oranien landet. — Jacob's II. Flucht. — Wilhelm und Maria auf dem Throne. — The Act of Toleration, ein Triumph Wm. Penn's 1689.

Beinahe zwei Jahre war Wm. Penn von feiner Familie entfernt gewefen. Man kann fich leicht denken, daß er fich fehnte, die Seinigen wieder zu fehen. Wußte er auch fein Hab und Gut und alle feine Angelegenheiten in England in guten, treuen Händen, fo drängte fich ihm doch der Gedanke von felbft auf, daß es für ihn Zeit fei, das Seinige dort wieder in eigene Hand zu nehmen. Auch fein Recht um feine amerikanifchen Befitzungen war in England felbft und durch fein perfönliches Auftreten am Beften zu verfechten, um fo mehr, da auch fein Gegner auf dem Forum des Rechtes, Lord Baltimore, nach England gegangen war. Abgefehen von diefem Punkte

(98)

hatte er auch in Pennsylvanien so Vieles in Ordnung gebracht und der Aufschwung der Colonisation war so erfreulich, daß in dieser Hinsicht seine fernere Gegenwart dort weniger nothwendig war. Seit er Alles hier selber kennen gelernt hatte und mit Land und Leuten persönlich bekannt war, fiel sein Wort auch von England aus mehr in's Gewicht. Mit den etwa 6000 Indianern in der Provinz waren Freundschaftsverträge geschlossen. Bereits standen in Philadelphia an 300 Häuser mit 2500 Seelen. Zwanzig andere Townships waren gegründet. Die ganze weiße Bevölkerung betrug an siebentausend Seelen.

Als Wm. Penn unter diesen Umständen zum Entschluß kam, nach Europa zurückzukehren, beauftragte er den Provinzial=Rath mit der Verwaltung der Provinz in seinem Namen und machte Thomas Lloyd zum Präsidenten desselben; Colonel Markham, Penn's Vetter, war Secretär; auch ernannte er fünf Richter auf zwei Jahre. Seine Wohnung, Pennsbury, auf der westlichen Seite des Delaware, wenige Meilen unterhalb Trenton, nicht sehr ferne von Burlington, geräumig aus Backsteinen erbaut, von Colonel Markham begonnen, aber bei Wm. Penn's Ankunft noch nicht ganz vollendet, übergab er zur Beaufsichtigung an James Harrison. Er trat zum Bedauern der ganzen Bevölkerung der Provinz am 6. August 1784 die Rückreise auf dem Schiff Endeavour an, schrieb noch an seine Glaubensgenossen einen ernsten, eindringlichen Ab= schiedsbrief, mit besonders ergreifenden Worten an die Philadelphier. Nach einer Fahrt von sieben Wochen landete er nur sieben Meilen von Worminghurst am 6. October 1684, in England.

Er verzog nicht, dem König und dem Herzog von York sich vor= zustellen, die ihn freundlich empfingen. Gleichwohl fand er die Lage der Dinge auf unangenehme Weise verändert und waren ihm schon in Pennsylvanien Klagen über neue Bedrückungen der Quäker zu Ohren gekommen, so fand er, daß die regierenden Behörden aller= dings mit verschärfter Strenge alle Dissenters verfolgten, weil von dieser Seite her Opposition gegen ihren Willen kam. Wm. Penn's

Lage war unter diesen Umständen keineswegs angenehm. Hatte der königliche Hof auch seine Gründe, ihn in Ruhe zu lassen, so wollte er doch nicht nun gleichsam als eine Ausnahme und vollends indifferent gegen das Schicksal seiner hart bedrängten Glaubensgenossen dastehen. Er that für sie, was er konnte. In einem sehr eklatanten Fall boshafter Grausamkeit gegen einen Quäker, R. Vickris in Bristol, (wo überhaupt der Verfolgungsgeist wüthete), der nicht schwören wollte und nun wie ein Staatsverräther zum Tode verurtheilt wurde, brachte es Wm. Penn durch den Herzog von York dahin, daß der König, der damals in böse Laune gegen die Dissenters gerathen war, den Verurtheilten begnadigte.

Nun starb aber Karl II. plötzlich am 2. Februar 1685 und sein Bruder, der Herzog von York trat als Jacob II. die Regierung an, versprach auch, Kirche und Staat in ihren Rechten erhalten zu wollen und gerecht und milde zu regieren. Aber er ging selbst mit der Königin ganz offen zur römischen Messe in White Hall. Bei seiner Krönung schien alles Volk zwar ihm wohlzuwünschen, aber sein römischer Katholicismus war doch ein offener Widerspruch mit der britischen Constitution und obendrein war er das sichtbare Oberhaupt der bischöflichen Staatskirche. Und nun war er durchaus nicht vorsichtig, seine religiöse Ansicht und kirchliche Stellung zu verbergen, ließ die Jesuiten ein Collegium in London bauen, sandte einen Gesandten an den Papst und empfing den päpstlichen Nuncius knieend.

Gegen Wm. Penn hegte Jacob II. dieselben freundschaftlichen Gefühle, die er ihm als Herzog kund gethan. Und sie kamen manchen Quäkern und andern Dissenters zu gut, die Verfolgung litten. Die Quäker überreichten ihm unter dem 7. März 1685 eine Addresse, ihn ihres guten Willens und des treuen Gehorsams als seine Unterthanen zu versichern, und in dem beigefügten Bericht ist gesagt, daß damals mehr als 1400 Glieder ihrer Gemeinden, Männer und Weiber, im Gefängnissen schmachten, nur weil sie Gott gemäß ihrer Erkenntniß und Gewissen dienen; Hunderte seien in den letzten fünf Jahren dort gestorben und haben ihre Kinder zu Waisen gemacht, ihre

Familien in Elend gelassen. Erst nach etwa einem Jahre wurden die Gefangenen losgelassen und auch dann nur durch den Einfluß Wm. Penn's, der, um dem König immer nahe kommen zu können, mit seiner Familie nach dem Distrikt Kensington in London zog.

Damals lebten viele Glieder angesehener englischer Familien in mehr oder weniger gezwungener Verbannung im Ausland, namentlich in Holland. Manche hatten sich in den Kämpfen zwischen der Krone und dem Parlament dem Könige verhaßt gemacht, fürchteten den Einfluß, welchen lügnerische Verläumder und Angeber damals hatten, nahmen an den Vorgängen in England fortwährend den innigsten Antheil, fühlten sich aber nur im Ausland sicher. Da kam nun im Frühjahr 1685 nach Holland die Kunde, daß die allgemeine Unzufriedenheit mit dem römischen Jacob II. leicht zu einer Revolution führen könne und daß es nur eines kühnen Führers bedürfe, sie zum Ausbruch zu bringen. Dies bewog den ebenfalls in der Verbannung lebenden Herzog von Monmouth, Neffen des Königs, mit einem revolutionären Anhang den 11. Juni bei Dorsetshire als Vorkämpfer des Protestantismus zu lauden und sich den Königstitel beizulegen. Aber das Volk war zu einer Rebellion nicht bereit, Monmouth wurde gefangen genommen und am 15. Juli hingerichtet. Jacob II. nahm furchtbare Rache an Allen, die irgend eines Zusammenhangs mit der Rebellion konnten schuldig befunden oder verdächtig gemacht werden. Er bediente sich dabei des Oberrichters Jeffreys, eines der brutalsten Ungeheuer, die je eine Richterbank entehrten, der die grausamsten Strafen mit beleidigenden Sarcasmen andictirte und an der Qual der Verurtheilten seine Lust empfand. Mehr als 800 Engländer schickte er zur Sklavenarbeit in die Colonien, mehr als 600 köpfte, hängte, räderte er, Hunderte ließ er blutig peitschen, Frauen sowohl wie Männer. Für das Alles machte ihn der König zum Lord. Reiche Leute mußten sich um ungeheure Summen den Pardon erkaufen. Es gelang damals Wm. Penn, manche zur Sklavenarbeit Verurtheilte vom König los zu bitten, um sie nach Pennsylvanien senden zu können. Die Gunst, in welcher Penn seit vielen Jahren beim König stand, hat er für selbstsüchtige Absichten nie mißbraucht und hat sie auch keineswegs nur für die Quäker nutzbar gemacht. Aber der Haß, der mehr im Stillen gegen den König wegen seiner immer frecher auftretenden römischen Tendenzen und wegen seiner grausamen Maßregeln stieg, traf zum Theil auch Wm. Penn. Gerade damals wurde er wieder als geheimer Katholik, als Jesuit verschrieen. Ein für den König höchst schmeichelhaftes, aber ebenso dem Papstthum günstiges Gedicht wurde mit der Unterschrift Wm. Penn's publicirt, wie es scheint, um Wm. Penn als Verfasser anzudeuten und verhaßter zu machen. Er vertheidigte sich dagegen in einem offenen Briefe an seine Glaubensgenossen unter dem Titel "*Fiction found out.*" Selbst Dr. Tillotson, später Erzbischof von Canterbury, der mit Wm. Penn bekannt war und ihn immer hoch geachtet hatte, hegte Mißtrauen gegen ihn, was zu einem Briefwechsel führte und zu völliger Wiederherstellung des Vertrauens.

Indessen verlor Wm. Penn die Rechtsfrage über die Grenzlinie zwischen Maryland und Pennsylvanien nicht aus dem Auge. Die Entscheidung in Beziehung auf die sog. Territorien oder Lower Counties basirte sich darauf, daß dieses ganze Gebiet von den Holländern sei bereits besetzt gewesen, als das Patent an Lord Baltimore ausgestellt wurde und daß dieses Patent demselben nur das Recht an das von den Indianern bisher bewohnte Gebiet ausdrücklich gegeben habe. Es wurde sofort zwischen dem Gebiet, das Lord Baltimore zu beanspruchen hatte, und dem, welches Penn zufiel, eine Grenze gezogen, welche noch jetzt die Staaten Maryland und Delaware von einander trennt, und wodurch der Anspruch Penn's an die drei Lower Counties zu Recht bestand. Leider wurde aber die Grenze zwischen dem eigentlichen Pennsylvanien und zwischen Maryland damals und noch lange nachher nicht festgesetzt, was in den Jahren 1730—1740 zu vieler Streitigkeit, ja zu dem sogenannten Cressap Krieg führte. Erst 1762 haben auf besondern königlichen Befehl die zwei Mathematiker Mason und Dixon die nach ihnen benannte Grenzlinie festgestellt. Uebrigens brachte auch das ganze so sehr ausgedehnte Gebiet, dessen Eigenthümer Wm. Penn war, ihm durchaus keine finanzielle Vortheile und in dieser Hinsicht zeigten sich seine Colonisten und Freunde gegen sein Interesse ziemlich gleichgültig, worüber schon ein Brief vom 30. Juli 1685 klagt. Seine Ausgaben in England und in Pennsylvanien waren sehr bedeutend, aber die Einkünfte reichten nicht hin. Er hatte mit Recht von Amerika Geld für verkauftes Land und Renten zu erwarten. Letztere beliefen sich jährlich auf 500 Pfund. Und nicht ein Pfennig kam. Auch fehlte es unter den obersten Personen der Colonie bereits nicht an gewissen Mißverständnissen und Verbitterungen. Auch wurde ein Richter, Nicol. Moore, Präsident der *Free Society of Traders* und Glied der Assembly, wegen verschiedener Vergehen seiner Aemter entsetzt.

Im Frühjahr 1686 publicirte Wm. Penn, um die Gemüther zu beruhigen und auf die Anerkennung des Toleranzprinzips hinzuarbeiten, eine Schrift unter dem Titel: "*A Persuasive to Moderation;*" er will denen, welche mit der Staatskirche nicht harmoniren können, Gewissensfreiheit verschaffen und die Vorurtheile der Zeit bekämpfen. Gewissensfreiheit selbst darf nie verstanden werden als Freiheit zur Unsittlichkeit; nie kann sie sich losmachen vom Gesetz, dem Kaiser zu geben was des Kaisers ist und Gott was Gottes ist. Religionsfreiheit, recht verstanden, kann nur zum Glück der Völker und zur Sicherheit der Regierungen beitragen, wie namentlich auch der gesegnete Zustand Holland's beweise; ja, selbst die Indulgenzerklärung Karls II. habe alle Dissenters in der gemeinsamen Hingebung an die Krone vereint.

Man kann leicht verstehen, daß Wm. Penn viel Verdienst zugeschrieben wurde, als bald nach Erscheinung dieser Schrift der König alle Dissenters amnestirte, die damals zu Tausenden in den abscheulichsten Gefängnissen schmachteten um Gewissens willen. Darunter waren 1300 Quäker. Manche der Unglücklichen waren zu zwölf bis fünfzehn Jahren Kerker verurtheilt gewesen. Der

König legte sofort auch den „Angebern" das elende Handwerk.
Wm. Penn war selber drei Mal in gottesdienstlichen Versammlun=
gen ergriffen worden, kam jedoch frei.

In demselben Jahre 1686 reiste Wm. Penn abermals nach
Holland und Deutschland, um als Missionar für die Sache der
Quäker zu wirken. Wir wissen über diese Seite der Reise nichts
Genaueres. Zugleich hatte er aber vom König den Auftrag, mit
Prinz Wilhelm von Oranien, dem Schwiegersohne des Königs
und möglichen künftigen Miterben des englischen Thrones, über die
Einführung allgemeiner religiöser Toleranz und die Aufhebung aller
damit widerstreitenden Gesetze zu verhandeln und ihn dafür zu ge=
winnen. Der Prinz stimmte im Ganzen bei, nur wollte er Dissenters
nicht als Glieder des Parlaments zulassen. Auch mit manchen vor=
nehmen Flüchtlingen aus England und Schottland kam Wm. Penn
zusammen. In Amsterdam wurde er auch mit dem wackern
W. Sewel, dem fleißigen Geschichtschreiber des Quäkerthums be=
kannt, der von englischen Eltern geboren in Holland lebte, nur elf
Monate in England zugebracht hatte, aber sein Geschichtswerk in
Englisch schrieb.

In England selbst wurde der politische Himmel mehr und mehr
von Wolken verhüllt. Aus der Verbindung von Kirche und Staat
und dem Einfluß, den die königliche Gewalt ausübte, entstanden un=
aufhörliche Schwierigkeiten. So lange das Gesetz verlangte, daß
jeder Bürger auch Glied der bischöflichen Kirche sein solle und daß
seine Treue gegen die Krone durch seine Zugehörigkeit zu dieser Kirche
attestirt werde, hing ein Druck über Allen, denen dabei oder auch
nur beim Eidschwur als solchem ihr Gewissen in Frage stand. Sie
waren dem Verdacht der Disloyalität und auch der gesetzlichen Ver=
folgung ausgesetzt. Und selbst königliche Gnadenacte gegen sie
änderten an der Lage der Dinge im Ganzen nichts. Es ging hierin
unter Jacob II., wie es unter Karl II. gegangen war. Als jener
im Frühjahr 1687 alle Dissenters begnadigte und den Eid, der auch
Zugehörigkeit zur bischöflichen Kirche forderte, beseitigte, so daß nun

Diffenters sogar in's Parlament und in Aemter kommen konnten, da wurde diese Maßregel, wie einst eine ähnliche Karls II., mit dem größten Verdacht aufgenommen, daß das nur ein schlauer Weg sei, den Katholiken die Thüre aufzuthun. Anders wäre es gewesen, wenn es sich nur um Duldung der protestantischen Diffenters ge= handelt hätte. Auch hatte der König damit Gesetze außer Wirkung gesetzt, die das Parlament erlassen hatte und sich anch durch diese Ausdehnung der Prärogative der Krone Haß zugezogen. Allerdings die Diffenters ließen sich des Königs milde Acte wohl gefallen und sie zeigten sich dankbar. Auch die Quäker sandten eine Commission aus ihrer Jahresversammlung und als dieselbe in Audienz vorge= lassen wurde, wendete sich Wm. Penn in ihrem Namen an den König mit dem freudigen Ausdruck des Dankes und des Glückes, was der König mit der Versicherung erwiderte, bei dem jetzt Zugesagten blei= ben zu wollen. Die Quäker hatten jedoch anch die Hoffnung ausge= drückt, daß dem Willen des Königs das Parlament beitreten werde. Wm. Penn hielt es für passend, durch eine Schrift: "*Good Advice to the Church of England, Roman Catholic and Protestant Dis- senters,*" etc., auf die öffentliche Meinung einzuwirken; er suchte zu erweisen, daß es Pflicht und Vortheil des Staates sei, jeden Ge= wissenszwang und damit verbundene Eidforderung aufzuheben. In einer andern Schrift suchte er die noch existirenden Vorurtheile aus dem Wege zu räumen. Und solche Vorurtheile waren vorhanden besonders unter dem Volke, wenn sie auch bei den Gebildeten von ihrer früheren Härte Vieles verloren hatten. Aber auch unter diesen und bei den strengen Kirchlichgesinnten war das Mißtrauen gegen die Katholiken aus politischen Gründen äußerst stark.

Für die Gunst, welche Wm. Penn von Seiten Jacobs II. zu Theil wurde, mußte er theuer bezahlen. Allerdings befand er sich in sehr schwieriger Lage. Er hatte vom Könige viel Zeichen besonderer Zu= neigung erhalten, hatte zu ihm freien Zutritt, hatte offenbar einen gewissen Einfluß. Nun wurde gesagt, Wm. Penn habe sich gegen seine sonstigen Grundsätze dem Könige gefügt, sei zweizüngig gewesen,

habe im Stillen dem König in seinen staatsgefährlichen Gedanken
und Plänen zugestimmt und habe sich vom Könige für sehr zweifel=
hafte Zwecke brauchen lassen. Man wird zugeben, daß der Einfluß
Penn's beim König jedenfalls ein sehr beschränkter war; auch das,
daß Penn ihn für menschenfreundliche Zwecke benützte, und daß er
für seinen persönlichen Vortheil, Reichthum und dergleichen mehr
nichts suchte und nichts erzielte. Man wird aber auch zugeben, daß
Wm. Penn, so lang er den guten Willen des Königs genoß, dadurch
ein Mittel in der Hand hatte, manches Böse zu verhindern, manches
Gute zu fördern. Wäre er um der Meinung Dieses oder Jenes
willen dem Könige feindselig entgegengetreten, so hätte er sich des
Einflusses, den er zum Besten verwendete, beraubt. Ein Princip hat
Wm. Penn in seinem Verhältniß zum König nie preisgegeben. Daß
er nach dem Sturze Jacobs II. nicht in das verdammende Geschrei
Vieler einstimmte, gereicht ihm gegen einen König, der ihm in Vie=
lem gnädig und willfährig gewesen war, nur zur Ehre. Daß man
ihn aber darum auch verdächtigte und beschuldigte, daß er mit dem
gestürzten König heimlich zum Schaden des Landes Verbindung hege,
war eine Erfindung ganz im Geist der Zeit und der politischen Par=
teilichkeit. Die Zeugnisse der Geschichte aber, je schärfer und unbe=
fangener sie geprüft werden, um so mehr entziehen sie dem Verdacht
und der Anklage gegen Wm. Penn den Boden.

Die politischen Wirren, wie sie damals in England zwischen dem
Könige und dem Volke existirten, reiften indessen einer Lösung ent=
gegen. Ein König, der am römischen Katholicismus hing und doch
das Oberhaupt der englischen bischöflichen Saatskirche sein sollte,
war eine Anomalie auf dem Throne. Und je offener er seine religi=
öse Parteistellung zur Schau trug, um so Keckeres zu Gunsten des
Papstthum's ließ sich von ihm erwarten. Und auch in anderer Hin=
sicht machte sich der König nichts daraus, die Gefühle einer im
Reiche sehr mächtigen Partei zu verletzen. Als er im Frühjahr 1688
seine Proklamation zu Gunsten der Gewissensfreiheit erließ und das
Gesetz, welches den Loyalitätseid forderte, suspendirte, erklärte er

zugleich, daß er Niemand in ein Amt setzen werde, der nicht beistimme. Ein Befehl des königlichen Staatsrathes legte es der ganzen Geist= lichkeit auf, die Proclamation in den Kirchen unmittelbar nach dem Gottesdienst vorzulesen. Natürlich war diese Maßregel den Dienern der bischöflichen Kirche um so verhaßter, je mehr sie überzeugt waren, daß die eigentliche Absicht des Königs war, unter dem Schein der Religionsfreiheit die römisch=katholische Sache zu stärken. Da sie aber dies nicht beweisen konnten oder aussprechen durften, so hielten sie sich in ihrer Opposition daran, daß der Anspruch des Königs, die Gesetze des Reichs, die vom Parlament erlassen waren, aufzuheben oder zeitweis außer Kraft zu setzen, zu sehr das Gefühl des englischen Volkes verletze. Sancroft, der Erzbischof von Canterbury, händigte mit sechs anderen Bischöfen eine Petition an den König ein, worin sie die Gründe angaben, warum sie in der Sache seinem Willen sich nicht fügten. Dies aber betrachtete der König als einen rebellischen Act und ließ die Bischöfe in den Tower werfen. Nun aber umgab sie in den Augen des Volkes bereits etwas vom Märtyrerthum und als sie nachher in der Gerichtsver= handlung frei gesprochen wurden, empfing das Volk sie und den Urtheilsspruch mit hellem Triumphgeschrei. Wm. Penn hatte dem König entschieden gerathen, die Bischöfe in Freiheit zu setzen. Jetzt aber traf auch ihn, der als ein Gegner des bischöflichen Kirchenthums und als Vertrauter des Königs bekannt war, natürlich die Maß= regeln zu Gunsten der Gewissensfreiheit ebenfalls begünstigte und die dabei involvirte Toleranz immer vertheidigt hatte, ein großer Theil des Volkshasses. War er ja doch auch wohl genug bekannt als Verfasser der anonym erschienenen Schrift: "Good Advice to the Church of England." Auch wurden, wie es beim Aufflackern des Parteihasses zu gehen pflegt, allerlei Lügen gegen ihn verbreitet und die beste Rechtfertigung gegen Lügen ist verloren, wenn es dem Haß convenirt, die Lügen zu glauben. Wm. Penn wurde aber von seinen eigenen zum Theil hochstehenden Freunden doch aufgefordert, sich über verschiedene Punkte ganz unzweideutig auszusprechen, was er denn auch in einem Schreiben vom 24. October 1688 that. Er sagt da, daß er nicht nur kein römischer Katholik im Geheimen sei, wie man von ihm aussage, sondern daß er niemals die geringste Versuchung empfunden habe, einer zu werden, und feierlich erkläre er, daß auch der König ihm weder direkt noch indirekt den Gedanken des Uebertrittes je nahe gelegt habe. Auch sei es völlig unwahr, daß er seine Erziehung in einem römisch=katholischen Kloster erhalten, oder daß er heimlich in Rom sei zum Priester geweiht worden, oder daß er als Priester in der Kapelle des Königs oder in irgend einer andern functionirt habe. Ein für alle Male erkläre er hiermit, daß er ein protestantischer Dissenter sei und dies so sehr, daß er die ganze bischöfliche oder jede andere Kirche hiermit gegen sich herausfordere. Aber allerdings wisse er, daß ein Dissenter — und wäre er ein Katholik — darum doch ein gehorsamer, dankbarer und nützlicher Unterthan des Königs sein könne. Der König habe selber als Katholik den Verfolgungsgeist seiner eigenen Kirche durch seine Maßregeln zu Gunsten aller Dissenters offen verurtheilt. Wm. Penn geht dann auf seine Verhältnisse ein, die ihn von seinem Vater her und besonders durch seine Provinz Pennsylvanien in ein näheres Verhältniß zum König gebracht haben. Sein Einfluß habe sich aber auf Staatsgeschäfte gar nie erstreckt, da er nie ein Amt gehabt, nie ein Glied des Staatsraths, Cabinets oder einer königlichen Commission gewesen sei. Das aber sage er, daß er in Fragen der Politik überall heftigen Gefühlen und Handlungen entgegengearbeitet habe. Für Religionsfreiheit habe er immer seine Stimme erhoben, aber er habe auch dabei auf die Erhaltung des protestantischen Charakters Englands hingestrebt. Wenn sein Grundsatz, Allen gleiche Gewissensfreiheit zu gewähren, ihn zum Papisten oder Jesuiten mache, so lasse er es sich gefallen. Und von seiner Ueberzeugung in diesem Punkte bringe nichts ihn ab. Auch erkläre er sich gegen jede Art von Religion, die ihm darin nicht Recht gebe. Gerade auch im Christenthum sei Liebe die größte aller Tugenden. Aber das wahre Christenthum müsse erst einmal recht eine Herzenssache

der Christen werden und dann werden sie finden, daß, da sie doch in
Vielem und Wichtigem Alle harmoniren, es nicht am Platze sei, sich
wegen der obschwebenden Differenzen mit Bitterkeit zu verfolgen.

Aber für die Meisten ganz unerwartet nahm die Lage der Dinge
gerade um jene Zeit — das Antwortschreiben Wm. Penn's ist vom
24. Oktober 1688 — einen merkwürdigen Umschwung.

Ruhiger als man hätte denken mögen, ertrug die englische Nation
die Willkührherrschaft Jacobs II. Er war zweimal vermählt, von
1660 bis April 1671 mit Anna, Tochter Lord Clarendons; aus
dieser ersten Ehe lebten von acht Kindern nur noch Maria und
Anna. Im December 1673 heirathete er Maria, Tochter des
Herzogs Alphonso IV. von Modena. Starb Jacob, so wurde
seine Tochter Maria Königin. Sie war Gattin des Prinzen
Wilhelm von Oranien und war entschiedene Protestantin. Bei ihnen
fanden alle englischen Flüchtlinge Schutz und daß Wilhelm gegen
den König im Geheimen intriguirte, wußte der König. Der Prinz
war die geheime Hoffnung der vielen Unzufriedenen. Der König
hätte wohl gerne Maria von der Thronfolge ausgeschlossen und die
Krone Anna, die seit Februar 1685 mit dem Prinzen Georg
von Dänemark vermählt war, zugewendet. Aber auch diese Beiden
waren ganz protestantisch gesinnt. Nun aber verbreitete sich plötzlich
das Gerücht, die Königin habe einen Thronerben, Jacob Edward
Franz, Prinzen von Wales, geboren. Die Folge war eine stille,
aber tiefgehende Erregung. Die Partei der Whigs blickte jetzt auf
den Prinzen von Oranien als den einzigen Retter. Und der Prinz
war gerüstet, entschieden dreinzugreifen und Jacob ließ sich nicht ein=
mal gegen ihn warnen. Schon zeigten sich selbst im englischen
Heere bedenkliche Zeichen. Am 20. September bekam der König
Nachricht von der Absicht Wilhelm's, in England zu lauden. Nun
wollte er umlenken, rief schnell seine verhaßten Erlasse zurück, sandte
die Flotte den Holländern entgegen. Wilhelm landete mit seinem
Heere am 5. November bei Torbey im westlichen England. Dort
fand er zunächst keinen Enthusiasmus. Aber eine Proclamation, in

der er sich als Wächter der Freiheit Englands darstellte und ein freies Parlament zu berufen versprach, gewann ihm das Volk. Unter des Königs Truppen griff Verrath und Desertion um sich. Er selbst schwankte wohl eine Zeit lang hin und her, und das Ende war, daß er am 22. December auf der Themse entkam, weil man ihn entkommen lassen wollte. Er entfloh nach Frankreich und aß dort bis zu seinem Tod 1701 das Brod Ludwigs XIV. Für Wilhelm, der allerdings durch die Herrschaft des Protestantismus in England indirect auch die Stellung Hollands, namentlich gegenüber Frankreich, befestigte, aber kein besonderes Interesse hatte England zu regieren, sich unter den Engländern auch nicht recht heimisch fühlte, gab es noch viele Schwierigkeiten zu überwinden. Zwar wurde Jacob II. des Thrones verlustig erklärt. Aber sollte Wilhelm als König anerkannt werden? Sollte Maria nicht die eigentliche Trägerin der Krone sein? Nun erkannten aber sie Beide die vom Parlament am 22. Januar 1689 angenommene *Bill of Rights*, welche besagt, daß „der König kein Gesetz suspendiren, von keinem Gesetz entbinden, kein außerordentliches geistliches oder weltliches Gericht niedersetzen, ohne Beistimmung des Parlamentes kein stehendes Heer halten und keine Steuern erheben darf, und daß er das Parlament häufig zu versammeln habe und die Wahl- und Redefreiheit nicht beschränken dürfe," zu Rechten an und wurden sofort, trotz des Widerspruchs einer bedeutenden Minorität, vom Parlament am 22. Februar 1689 als König und Königin proclamirt und am 21. April vom Bischof von London gekrönt. Auch in Schottland wurden sie anerkannt, doch nur nachdem sie für Schottland die presbyterianische Kirche als die Staatskirche zugestanden, auf die Oberhoheit über die Kirche verzichtet und andere Zugeständnisse gemacht hatten. Erst im Jahre 1693 brachte der König das schottische Parlament dahin, daß auch die bischöfliche Kirche Duldung erlangte.

Es läßt sich leicht begreifen, daß Wm. Penn's Schicksal bei diesem Umschwung der Dinge im Königreich nicht unberührt blieb. In der jungen Colonie in Pennsylvanien nahmen die Dinge im Ganzen ihren ruhigen Fortgang. Sie wurde von den über das Mutterland brausenden Stürmen wenig getroffen. Höchstens konnte ihr dadurch verschiedenartiges Material zugeführt werden, das einen Einfluß äußerte. Doch für jetzt wurde der innere Gang der Dinge dadurch nicht gestört. Aber gerade dieses Abgeschnittensein von dem oft fieberhaften Pulsschlage der alten Heimath war die Ursache, daß im Coloniallande das Interesse am Mutterland und die Sympathie mit ihm nach und nach ersterben und ein gewisses Gefühl der Selbst= ständigkeit wach werden mußte, das nur in dem Streben völliger Unabhängigkeit enden konnte. Für jetzt freilich lag ein derartiger Plan noch in weiter Ferne.

Günstige Berichte aus Pennsylvanien zogen dorthin natürlich nicht nur Wm. Penn's Glaubensverwandte, sondern auch allerlei andere Elemente, welche den sittlichen Ernst und die ganze Lebensbetrachtung der Quäker nicht theilten. Auch die Handelsverbindungen führten Leute dorthin, die mit ihrem lärmenden Weltgeist im gemessenen Stillleben der Geistesbrüder Wm. Penn's unangenehm auffielen. Es kam zu Wm. Penn's Ohren, daß gerade auch jene von uns früher erwähnten, in's hohe Ufer des Stromes bei Philadelphia ein= gegrabenen Höhlen die Stätten böser Excesse waren und daß überhaupt der gemeine Libertinismus aufkommen wolle. Er ergriff dagegen Maßregeln und drang darauf, daß die Trinkhäuser nicht willkührlich durften vermehrt werden. Um dieselbe Zeit 1688 hörte man von einem Gerücht, daß die Indianer in der Gegend von Chester mit dem Plane eines feindlichen Angriffs gegen die Weißen umgehen und der Schrecken verbreitete sich weithin. Aber die Sache erwies sich als das Mährlein eines Indianer=Weibes, von der der Häuptling, als er es hörte, meinte, sie solle verbrannt werden. Sehr gegen den Wunsch Wm. Penn's verlangte der sehr tüchtige T h o m a s L l o y d von seiner Stelle als Präsident des Provinzial=Rathes und andern Responsibilitäten entlassen zu werden. Kein Quäker wollte in seine Stelle treten und so ernannte Wm. Penn dazu den Hauptmann J o h n B l a c k w e l l, der der britischen Regierung gute Dienste geleistet hatte und in gutem Rufe stand. Er gab ihm brieflich im September 1688 die nöthigen Anweisungen. Blackwell aber befand sich damals in New=England und konnte erst im Frühjahr 1689 sein Amt in Pennsylvanien antreten.

Daß Wm. Penn's Lage durch die Vertreibung Jacobs II. eine sehr bedenkliche wurde, läßt sich leicht denken. Nur zu sehr war er in der öffentlichen Meinung als ein Freund des vom allgemeinen Haß verfolgten Königs. angesehen worden. Möglich ist, daß Wm. Penn in Manchem doch anders gehandelt und eine andere Stellung eingenommen hätte, hätte er vorausblicken können. Wer aber konnte diese durchgreifende, unerwartete Umgestaltung der Dinge voraussehen? Wohl mochte jetzt der Gedanke auftauchen, daß er durch ungesäumte Abreise nach Pennsylvanien vielem möglichen Uebel entgehen würde. Damit aber hätte er erst dem Gedanken, daß er sich schuldig fühlte, Nahrung und seinen guten Namen preisgegeben. Somit blieb er.

Nun aber ließen ihn die Lords des Staatsraths am 10. December vor sich bringen. Auf ihre Fragen erklärte er, daß er nur das ge= than, worüber er sich vor Gott und Menschen verantworten könne, daß er seinem Land und auch der protestantischen Ueberzeugung von Herzen immer zugethan gewesen sei; daß König Jacob II. sein und seines Vaters Freund stets war und daß er aus Dankbarkeit ihm freundlich gesinnt gewesen sei, aber so viel er nur konnte seinen Ein= fluß zu des Königs wahrem Besten benutzt habe. Eine eigentliche Klage wurde nicht gegen ihn vorgebracht. Doch wurde er unter Bürgschaft gestellt. Ganz anders redeten manche frühere Günstlinge des Königs von ihrem jetzt verjagten Freund und Patrone. Penn's Haltung konnte ihm nur zur Ehre gereichen.

Es ist kein Zweifel darüber, daß, als Wilhelm von Oranien den Boden Englands betrat, die politische Bedeutung des Papstthums für England dahin und der Protestantismus enthronirt war. Das fanatische Feuer aber, das um die Mitte des Jahrhunderts über ganz England hin gebrannt hatte, war längst erloschen und flackerte wohl

nur da und dort noch, gereinigt durch Verfolgung, vorübergehend
auf. Jetzt handelte es sich nicht mehr um die Frage, welche kirch=
liche Partei neben der weltlichen Regierungsgewalt die bedeutendste
Stellung im Reich einnehmen solle. Mochten die Dissenters den
Episkopalen widerwärtig sein, so waren sie doch ihre Gesinnungs=
genossen gewesen gegen die Päpstler und die dem Papsttum gün=
stigen Könige. Man war auch in das Zeitalter nicht nur einer gewissen
religiösen Indifferenz, sondern einer auftauchenden materialistischen
Irreligiösität und des frechsten Unglaubens bereits eingetreten.
Offen sagten sich englische Philosophen wie Joh. Locke, Shaf=
tesbury, Collins, Tindal, Wollaston, St. John (Boling=
broke) u. A. bald nach dieser, bald nach jener Seite vom herkömm=
lichen Christenglauben los und hielten sich an die unklare Vorstellung
eines außerweltlichen, um seine Schöpfung durchaus unbekümmer=
ten Gottes (Deismus). Die Moral wurde auf Grundsätze des Vor=
theils reducirt. Samuel Buttler spottete in seinem „Hudi=
bras" der Puritaner. Freilich standen damals auch ein Milton
und ein Bunyan (*The Pilgrim's Progress*) mit tiefer, poetisch
verklärender Frömmigkeit da, Tausenden ihrer Zeit unverständlich.
Die Profandichter Pope, Addison, Dryden u. A. reflectiren
das Erlahmen des sittlich=religiösen Geistes in England um jene Zeit.

Wie in Schottland der Presbyterianismus, so siegte nun in
England, wie zu erwarten stand, der Episcopalismus. Er hat sich
damals seine rechtliche, feste Stellung im englischen Staatshaushalt
errungen und sie ist ihm bis heute geblieben. Aber er mußte sich
mit der Idee der Duldung Andersdenkender vertragen und hat sich
darein gefügt. England wird heute noch durch eine Oligarchie der Ade=
ligen im Oberhaus, der Reichen im Unterhaus, regiert. Dem ent=
sprechen die Lords Bischöfe im Parlament.

Aber, daß Toleranz jetzt zum festen Grundsatz im englischen
Staatsleben erhoben wurde, das mußte die Seele Wm. Penn's mit
hoher Freude erfüllen. Dafür hatte er gearbeitet seit so vielen
Jahren, dafür hatte er Schmach und Bande erduldet, dafür die

8

Feder geführt. Und es fand sich, daß die Feder mächtiger war als das Schwert. Jener "*Act of Toleration*" vom Jahre 1689, welchen König Wilhelm, nachdem er vom Parlament angenommen war, proclamirte, setzte alle früheren Strafgesetze gegen die Dissenters, welche der neuen Regierung den Eid der Treue schwuren, außer Wirkung und entband die Quäker, weil sie keinen Eid leisteten, gegen ein feierlich Gelöbniß der Treue gegen König und Königin des Schwörens. Allerdings waren alle Dissenters noch von der Wahl in's Parlament und von vielen Würden und Aemtern ausgeschlossen. Aber selbst römische Katholiken, obwohl sie durch den Act selbst ausdrücklich von dessen Wohlthaten ausgeschlossen waren, ließ der König unangetastet. Im großen Ganzen aber war ein mächtiger Schritt zur Festbegründung des Prinzips der Religions= und Gewissens= freiheit im Staatsleben geschehen. Hatten nun auch verschiedene Ursachen zusammen gewirkt, daß es endlich dahin kam, so hatte Wm. Penn doch in der Sache durch zwanzigjährige Arbeit und Ausdauer, durch seine Einwirkung auf die öffentliche Meinung und durch seinen Einfluß auf hochstehende Persönlichkeiten, sein großes Verdienst.

Kapitel XII.

Wm. Penn in dreijähriger Zurückgezogenheit, 1690—1693. — Schwierigkeiten in Pennsylvanien. — Georg Keith, ein Friedensstörer unter den Quäkern. — Georg Fox stirbt. — Neue Angriffe auf Wm. Penn. — Schriftstellerische Arbeiten. — Tod der ersten Gattin Wm. Penn's, 1694. — Vorübergehender Verlust der Regierungsgewalt über sein Eigenthumsgebiet in der Neuen Welt. — Zweite Verheirathung, 1696. — Missionsreise durch Irland, 1698.

Is der *Act of Toleration* proklamirt wurde, war Wm. Penn gewissermaßen auf einem Höhepunkt seines Lebens angelangt. Seit dieser Sieg erfochten war, seit die Dissenters nicht mehr in steter peinlicher Angst der Verfolgung und schwerer, oft grausamer Strafe einherschleichen mußten, hatte er eine Mission seines Lebens erfüllt und sah sich nach dieser Seite glücklich am Ziele angekommen. War auch nicht Alles erreicht und den Dissenters volle bürgerliche Gleichheit gewährt, so war Toleranz jedenfalls besser als Verbot und Verfolgung. Wm. Penn hatte jetzt viel weniger Anlaß, auf die öffentliche Meinung einzuwirken und die Politik England's zu beeinflussen.

(115)

Damit aber war die Arbeit seines Lebens nicht gethan. Neue
Sorgen, neue Verdrießlichkeiten warteten seiner und kamen ihm be=
sonders durch den Gang der Dinge in seiner Provinz und durch seine
persönlichen Umstände. Er verharrte jetzt aber drei Jahre lang in
einer Zurückgezogenheit, die nicht freiwillig und durchaus nicht ohne
ihr Gutes waren.

Schon im Jahre 1687 dachte er ernstlich daran, wieder nach
Pennsylvanien zu ziehen. Sein dortiger Stellvertreter in der Ad=
ministration der Provinz, Gouverneur Blackwell, konnte mit dem
Provinzialrath nicht in friedlichem Einverständniß zusammenwirken.
Er hatte da hauptsächlich Leute von der „Gesellschaft der Freunde"
um sich und stieß natürlich auf große Schwierigkeiten, als er eine
Miliz zur Vertheidigung des Landes im Blick auf mögliche Umstände
errichten wollte. Auch glaubte er, die Provinz habe nach den im
Freibrief gestellten Concessionen kein Recht, mit fremden Ländern
Handelsverbindungen anzuknüpfen. Wiederum scheint sein Be=
nehmen gegen die, welche ihm nicht zustimmten, Anstoß gegeben zu
haben. Blackwell legte auf Wm. Penn's eigenen Rath sofort sein
Amt nieder und kehrte nach England zurück. Vorübergehend trat
Thomas Lloyd wieder in seine Stelle. Wm. Penn unterließ nicht,
in Briefen auf Versöhnlichkeit und Milde hinzuwirken. Auch wünschte
er die Errichtung einer öffentlichen *Grammar School*. Es war
damit der erste Anlaß zu der 1697 in Philadelphia incorporirten
Quäkerschule gegeben, die unter ihrem Freibrief, der 1711 durch
Wm. Penn seine letzte bleibende Form erhielt, fortan bestand.
Arme Kinder sollten in ihr unentgeltlich unterrichtet werden, Kinder
vermöglicher Leute sollten Schulgeld entrichten, der Zutritt aber
stand Allen, welchen Glaubens sie auch seien, offen. Als erster
Lehrer war Georg Keith berufen, ein Mann von Gaben und
Kenntnissen, lange Jahre unter den Quäkern hoch angesehen, der
aber nachher ihnen viele Unruhe bereitete, zuletzt sie verließ und,
eingetreten in die bischöfliche Kirche, sie bekämpfte. Er war in
Schottland geboren, war frühe den Quäkern beigetreten, hatte Wm.

Penn auf Reisen nach dem Continent begleitet, für die Quäker in
Schriften öffentlich gewirkt, kam aber nun in Pennsylvanien, wo,
wie er dachte, dieselben mit viel weniger Zurückhaltung sich über
Glaubensfragen äußerten, auf die Entdeckung, daß sie von dem
eigentlich christlichen Glaubensgrund weit abgewichen seien, daß
ihnen die großen Thatsachen des Heil's nur den Werth von Allegorien
haben, so die Lehre vom Versöhnungstod und von der Auferstehung
Christi und Anderes. Gewiß führte jene grundfalsche Lehre vom
„innern Licht" und auch die einseitige Lehre vom „Christus in
uns" die Quäker auf Abwege in allen Punkten des Glaubens und
zwar viel mehr, als sie sich dessen selbst bewußt waren. Und hierin
hatte G. Keith den faulen Fleck getroffen, wenn vielleicht auch die Art,
wie er auftrat, nicht die rechte war. Jedenfalls wollten die Quäker
ihn los werden. Er kam zurück nach England, galt noch immer für
einen ihrer Gesellschaft, suchte sie um sich hier zu sammeln und auf sie
einzuwirken, was ihm aber nur in höchst beschränktem Maße gelang.
Er trat darum ganz von ihnen aus und wurde Prediger in der bischöf=
lichen Kirche, kam für einige Zeit nach Pennsylvanien zurück und
fuhr dann in England fort, wider seine früheren Glaubensgenossen zu
zeugen. In Pennsylvanien hatten die Quäker ihn schon 1692 von
ihrer Liste gestrichen. Ihre allgemeine Jahresversammlung sagt
von ihm, daß „ein Starker gefallen sei; er sei vom demüthigen,
friedsamen und milden Geist Jesu Christi abgewichen, seine Liebe zu
den Brüdern sei erkaltet, er habe mit wenig Beherrschung seiner
Zunge harte Reden geführt, schwere Anklagen vorgebracht und in
seiner leidenschaftlichen Hitze die Brüder Dummköpfe, Ignoranten,
Ungläubige, Ketzer u. s. f. genannt; habe über das Glaubensbe=
kenntniß gestritten und aus den „Freunden" sich einen Anhang zu
machen gesucht." Wir können uns leicht denken, wie der Mann als
ein sehr störendes Element sich in der Quäkergemeinde unmöglich
machte. Sein Auftreten verursachte auch Wm. Penn Unruhe.

Dieser hatte indessen auch in England Widerwärtigkeiten genug.
Er wurde schon 1690 beschuldigt, mit Jacob II. zu correspondiren.

Ein Brief des Königs an ihn war in die Hände der Obrigkeit ge=
kommen. Wm. Penn hatte vor dem Staatsrath und König Wil=
helm selbst zu erscheinen. Er sagte, daß der verjagte König an ihn
schreibe, vermöge er nicht zu hindern. Aber daß er irgend demselben
zu seiner Rückkehr nach England behülflich sei, dessen wisse er sich
völlig unschuldig. Daß er demselben zu viel Dank verpflichtet sei
und ihm Erkenntlichkeit in Privatsachen zeige, sei richtig; weiter
aber erstrecke sich das nicht. Er wurde indessen unter Bürgschaft
gestellt, nachher aber vom Gericht freigesprochen und dachte nun
ernstlich an die Reise nach Amerika. Nun aber riefen die Umstände
in Irland, das von den Truppen Jacob's II. noch besetzt war,
König Wilhelm im Sommer 1690 dorthin. Königin Maria, sonst
eine gutmüthige Seele, ließ nun schnell, um einer etwaigen Rebellion
vorzubeugen, achtzehn der Abneigung gegen die neue Regierung ver=
dächtige Männer in's Gefängniß setzen und unter ihnen auch Wm.
Penn. Abermals wurde er vom Gericht freigesprochen. Nun hatte
er im Sinne, einen neuen ausgedehnten Colonisationsplan und zwar
am Susquehanna, in's Werk zu setzen. Da starb am 13. Januar
1691 zu London sein alter Freund, der hochbetagte Georg Fox,
der Patriarch der Quäker, der stets das Lob des innern Lichts
gesungen hatte, aber mit der Bibel so bekannt war, daß von ihm ge=
sagt wurde, wäre sie verloren gegangen, Georg Fox hätte sie aus dem
Gedächtniß wieder herstellen können. Wm. Penn wohnte seiner Be=
erdigung bei, und redete zu einer Menge Volk's, sollte aber bei dieser
Gelegenheit wieder gefangen genommen werden. Aber die Diener der
Obrigkeit hatten die Zeit verfehlt. Ein elendes Subject, ein notori=
scher Betrüger, den das Parlament selbst als solchen brandmarkte,
hatte ihn eidlich angeklagt. Er gab darum für jetzt, da auch ein Ver=
haftsbefehl gegen ihn erlassen war, den Plan, nach Amerika zu gehen,
auf und lebte ganz zurückgezogen in London. Ein weitläufiges
Schreiben an die „Freunde" in Pennsylvanien läßt in seine damalige
Gemüthsverfassung Blicke werfen. Er fühlte die Bitterkeit des un=
gerechten Verdachtes und Hasses, dem er ausgesetzt war, hatte aber

ein gutes Gewissen und setzte seine Hoffnung auf Gott. Kaum war er sechs Wochen im Genuß der Ruhe, so kam eine neue Anklage gegen ihn, gegen Doctor Turner, Bischof von Ely, und einige andere hoch= gestellte Personen, daß sie Jacob II. eingeladen haben, wieder nach England zu kommen. Es scheint indessen, daß die Regierung gar nicht die Hand an ihn legen wollte. Aber es gab Leute genug, welche den Haß gegen Penn anfachten. Das alte Geschrei, er sei Papist und Jesuit, ertönte wieder. Die willkührlichen Maßregeln Jacob's II. sollte er veranlaßt haben. Namentlich viele Glieder der bischöflichen Kirche ließen ihn ihren Haß dafür empfinden, daß er ein Vorkämpfer für Religionsfreiheit gewesen war. Ja, es fanden sich sogar einige Quäker, welche mit Argwohn gegen ihn erfüllt wurden. Es ist in der That anzuerkennen, mit welcher Würde und Ruhe Wm. Penn all' diesen Angriffen auf seine Ehre und Ruhe gegenübertritt.

Schon im Jahre 1692 entstanden gewisse Schwierigkeiten zwischen der eigentlichen Provinz Pennsylvanien und den drei Lower Counties. Wm. Penn hatte sie unter Einer Regierung vereinigt. Aber bei der raschen Zunahme Pennsylvaniens sahen jene sich bald im Vortheil und thaten gewisse Schritte, welche thatsächlich die Einheit der Re= gierung aufhoben; sie ernannten sich ihre eigenen Richter. Das war schon im Jahre 1690 geschehen. Sie wollten aber überhaupt eine separate Administration. Um Friedens willen gab ihnen Wm. Penn nach und ernannte Wm. Markham als Gouverneur der drei Counties, war aber durch diese Störungen sehr beunruhigt, um so mehr als es nicht leicht war, bei der großen Entfernung und dem Verzug der Correspondenz die Dinge immer vollkommen klar zu machen. Indessen wurde der Friede wieder hergestellt.

Nun aber hatten im Lager der Quäker die Störungen begonnen, welche Georg Keith veranlaßte. Als er jedoch als Geistlicher der bischöflichen Kirche sich wieder in Pennsylvanien sehen ließ, kehrten manche Quäker, die zuvor ihm Recht gegeben und sich zu ihm gehalten hatten, wieder zu ihren ersten „Freunden" zurück. So wurde das durch ihn entstandene Schisma geheilt. Penn ging dieser Streit sehr

zu Herzen und das gibt sich in einem schönen Briefe aus Loudon vom
29. November 1692 kund. Das Schreiben eines damaligen An-
hängers von G. Keith half, „ihm ein Fieber auf fünf Wochen anzu-
hängen." Wm. Penn aber antwortet in sehr ruhigem und mildem
Geiste und sucht auch die Lehre von der Person Christi, worüber
Keith die Quäker angefochten, recht zu stellen, indem er Nachdruck
darauf legt, daß nach der Lehre der „Freunde" Christus allerdings
auch wahrer Mensch gewesen sei und daß jetzt diese seine Menschheit
im Staud der Verklärung nicht zu Nichts geworden sei, daß wir aber
über diesen Staud nichts wissen und darüber nicht grübeln sollen.
Könnten wir denn hoffen, daß unsere Menschheit verklärt werde und
nicht an die Verklärung der seinigen glauben? Hier war Wm. Penn
nicht auf unrechter Spur soweit. Theologie war indessen nicht seine
starke Seite. Auch kommt er alsobald wieder auf den „Christus in
uns." Tief aber beklagt er die Erregung, die unter seinen „Freunden"
eingetreten ist.

Nun wartete seiner ein neuer Angriff. Der König und die Königin hatten, aufgestachelt durch Wm. Penn's Feinde, welche klagten,
daß Pennsylvanien gegen die Franzosen und die von ihnen be-
herrschten Indianer wehrlos gelassen sei und daß keine sichere Administration der Gesetze dort und in den drei Counties sich finde, daß
auch unter den Quäkern Zerwürfnisse herrschen, daß gerade sie, die
sonst für Gewissensfreiheit eiferten, jetzt den G. Keith verfolgen, den
Gouverneur Benj. Fletcher von New York mit der Verwaltung
Pennsylvaniens und der drei Counties beauftragt. Wm. Penn
war damit auf die Seite geschoben. Wirklich es schien, das Maß
seiner Verdrießlichkeiten sollte voll werden. Er schüttete auch in
Briefen sein Herz darüber aus. Seine Lage war in der That sehr
bedenklich und beklemmend. Er hatte tausende von Pfunden verloren, mußte versuchen mit entlehntem Kapital seine Ausgaben für
jetzt zu bestreiten, sah in der Zukunft wenig Ermuthigendes, hatte
aber Trost an seiner Unschuld gegen vielfache Verläsberung.

In jener Zeit größerer Abgezogenheit und unter dem Druck der damaligen Umstände war es ihm unmöglich gewesen, das Wort in der Versammlung zu ergreifen. Aber er wirkte doch schriftstellerisch. Im Interesse einer bestimmten Gemeindeordnung unter den Quäkern hatte er schon 1691 einen Tractat: *"Just Measures"* geschrieben. Es war schon damals dazu gekommen, daß auch in den monatlichen, vierteljährlichen und jährlichen Versammlungen Frauen selbst in Fragen der Kirchenordnung und Kirchenzucht mitgeredet, aber auch besonders beim männlichen Geschlecht Anstoß gegeben hatten; so wurden besondere Frauenversammlungen für Kirchenzuchtfragen an= geordnet, was aber auch keine allgemeine Zustimmung faud. Wm. Penn sucht nun die Scrupel der Unzufriedenen zu beseitigen. In einer andern Schrift nimmt er die Quäker gegen böswillige Vor= würfe in Schutz. In einem andern Werk setzt er den Geist und die Grundsätze des Quäkerthums gegen Verdrehungen in's rechte Licht. Diese Schrift ging während seiner Lebenszeit durch 12 Auflagen. Auch einen „Essay zur Beförderung des Friedens Europa's damals und künftig" verfaßte er, von welchem auf einer Versammlung des Friedens=Vereins erst vor etlichen Jahren jedem Glied ein Exemplar geschenkt wurde. Viel von der reichen Erfahrung seines Lebens legte er nieder in einer 1693 erschienenen Schrift: *"Some Fruits of Soli- tude, in Reflexions and Maxims relating to the Conduct of Human Life."* Dieses Werk gilt Manchen als eine der besten Schriften Wm. Penn's.

Endlich im Herbst des Jahres 1693 wurde er durch den könig= lichen Willen in völlige Freiheit gesetzt und jener auch gegen ihn proclamirte, aber nie executirte Verhaftsbefehl, der ihn gezwungen hatte, abgeschlossen zu leben, zurückgenommen. Einen Monat nach= dem er seine völlige Freiheit wieder erlangt hatte, starb am 23. Februar 1694 im Alter von 50 Jahren seine vielgeliebte Gattin. Sie hatte in dem Kreise ihrer Bekannten und unter ihren Nachbarn und Umgebungen die höchste Hochachtung genossen, wie sie auch als eine redlich fromme Seele verdiente. Wm. Penn redet in Briefen von ihr in den zartesten und edelsten Worten.

In Pennsylvanien hatte indessen im Frühjahr 1693 Gouverneur
Fletcher mit militärischer Escorte und gewiß nicht zur Freude der
dortigen Quäker, Einzug gehalten. Pennsylvanien und die drei
Counties sollten wieder unter seiner Hand zusammen regiert werden.
Die Freibriefe und die Gesetze von Pennsylvanien beseitigte er. Von
der versammelten Legislatur verlangte er den Eidschwur. Den
Quäkern erließ er denselben, aber mit Verwahrung, daß das kein
Präcedenzfall sei. Das erste Geschäft war, daß er Geld verlangte,
um die Grenzen der Provinz militärisch vertheidigen zu können. Da=
mit regte er eine Frage an, welche je und je sechzig Jahre hindurch
den Frieden zwischen den Gouverneurs und der Assembly von Penn=
sylvanien beeinträchtigte. Auch jetzt bestand die Assembly auf ihrem
verbrieften, von Fletcher freilich gar nicht anerkannten Rechte. Doch
votirten sie am Ende eine gewisse Summe für „den König und die
Königin" mit dem Wunsch, daß die Hälfte davon dem Gouverneur
möge abgetreten werden. Anfangs sehr ungehalten, gab er zuletzt
nach, bestätigte die früheren Gesetze, löste die Assembly auf deren
eigenen Wunsch auf, ernannte W. Markham zum stellvertretenden
Gouverneur und ging heim nach New York. Auch im folgenden
Jahr kam es zu ähnlichen Reibungen zwischen ihm und Pennsylva=
nien. Hier konnten die Colonisten inne werden, welch' einen milden
Herrn sie an Wm. Penn hatten, gegenüber dem Kriegsmann von
New York. Leider muß gesagt werden, daß sie an Penn, der mit
Waffengewalt von ihnen nichts forderte, sondern gemäß seinen
Grundsätzen lieber Unrecht duldete, nicht edel handelten, ihm nicht
einmal das gaben, was er nach Recht und Vertrag zu fordern hatte.
Im August 1694 wurde die Administration von Pennsylvanien
und den drei Counties sofort nach gehöriger Untersuchung vom
König und der Königin durch besondern Erlaß wieder an Wm. Penn
übertragen. Er erfreute sich hiebei der Befürwortung vornehmer
Gönner, welche erwiesen, daß die Gerüchte über die Unordnung in
der Provinz übertrieben waren und, so weit Wahrheit daran war,
veranlaßt waren durch die Abwesenheit Wm. Penn's. Er selbst

wäre am liebsten nach der Provinz gezogen, aber seine häuslichen Umstände hinderten ihn. Er ernannte im Herbst 1694 W. Mark=ham zum stellvertretenden Gouverneur, da Th. Lloyd kurz zuvor gestorben war. Sein Tod war ein großer Verlust für die Provinz, aber auch für Wm. Penn, der ihn hochschätzte und liebte. Lloyd hatte es verstanden, im Frieden mit dem Provinzial=Rath und der Assembly zu leben. Markham wollte sie beherrschen, mußte sich aber 1696 zu einer "Bill of Settlement" verstehen, bei welcher die Assem=bly an Macht gewann, neue Gesetze vorschlagen, sich versammeln und vertagen konnte nach Belieben und für die Zeit ihres Wahl=Termins unauflösbar blieb. Und dabei blieb es bis 1700. Noch im Jahre 1694 gab Wm. Penn Markham zwei Assistenten, Quäker, von denen er hoffte, daß sie dem Sinn der Bürger mehr Verständ=niß entgegenbringen und in Manchem zum Besten dienen können. Und für die nächsten fünf Jahre kam nun auch keine Störung von irgend einem Belang vor und die Provinz genoß ein friedliches und fröhliches Gedeihen. Auch für Penn selber begann eine bessere Zeit. Seine Wiedereinsetzung in die Verwaltung seiner Provinz konnte nicht umhin, einen Eindruck zu seinen Gunsten zu machen. Nament=lich unter den Quäkern selbst stieg seine Werthschätzung höher denn je zuvor. Er wirkte wieder in ihren Versammlungen und seine Pre=digten wurden nachgeschrieben und gedruckt. Er reiste auch in Eng=land umher, kam nach Bristol und andern Orten, wo einst die Quäker schwere Verfolgung erlitten hatten und hielt nun massenhafte Versammlungen. Im Jahre 1694 schickte er der Publicirung des Tagebuchs Georg Fox's eine Abhandlung voraus, welche einen Abriß der Geschichte des Quäkerthums und ihrer Eigenthümlichkeit enthielt.

Im Frühling des Jahres 1696 trat Wm. Penn wieder in die Ehe und zwar mit Hannah, deren Vater, Thomas Callowhill, und Großvater Dennis Hollister, Kaufleute zu Bristol, auch Quäker waren. Sie galt für begabt und wurde ihm in kommenden Jahren sehr zur Stütze unter mancherlei Last. Wenige Wochen nachher verlor er seinen ältesten Sohn, Springett nach seiner Mutter genannt, an der Auszehrung; derselbe entschlief nach des Vaters eigenem Zeugniß in einer erfreulichen Verfassung seines Gemüthes. Er hatte damals noch einen Sohn, Wilhelm, und eine Tochter, Lätitia. Um jene Zeit publicirte er auch sein "*Primitive Christianity Revised in the Faith and Practice of the People called Quakers*," worin er versucht nachzuweisen, daß die Grundsätze und Gesinnung der Quäker mit denen der ersten Christen übereinstimmen, was ihm freilich nicht gelingen kann ohne der Geschichte große Gewalt anzuthun. Auch gegen den aus Amerika zurückgekehrten, von uns schon erwähnten Georg Keith, der jetzt in England gegen seine früheren Verbündeten zu Felde zog, schrieb er ein Büchlein mit dem ironischen Titel: "*More Work for George Keith.*" Im Jahre 1697 fand jene von uns schon berührte Zusammenkunft mit Peter dem Großen statt, der England besuchte. Andere Quäker wollten dem Czaren einige ihrer religiösen Schriften einhändigen, konnten sich aber mit ihm nicht verständigen. Penn, als er deutsch mit ihm redete, machte ihm die Quäker zum Gegenstand der Neugierde, er besuchte einige Male ihre Versammlungen zu Deptford und Wm. Penn fand sich veranlaßt, ihm im folgenden Jahre noch einen ernsten Brief zu senden. Und noch 15 Jahre später erinnerte der Czar sich ihrer; besuchte in Friedrichstadt in Holstein eine Versammlung der wenigen dortigen Quäker und übersetzte seinen russischen Begleitern, was er hörte im Vortrag, in ihre Sprache. Als im Hause der Lords ein Gesetz gegen Blasphemie in Vorschlag kam, warnte Wm. Penn öffentlich vor Uebereilung, weil dem Worte leicht gefährliche Mißdeutung gegeben werden könnte. Man zog den Vorschlag zurück.

Im Jahre 1697 ließ er sich in Bristol, dem Heimathsort seiner Gattin, nieder; im folgenden Jahre durchzog er Irland, weniger um seine dortigen Güter zu besuchen, als um als Reiseprediger zu wirken, wobei ihn ein paar Freunde unterstützten. Einer von diesen, Th. Story, schildert in Dublin gehaltene Versammlungen

als höchst zahlreich und von Leuten der verschiedenartigsten Klassen
der Gesellschaft und Meinungen besucht, namentlich um Wm. Penn's
willen. Selbst bischöfliche Geistliche waren anwesend und einer, der
Deean von Dorry, sagte nachher seinem Bischof auf dessen spöttisches
Fragen, ob er etwas Anderes als Lästerung und Unsinn gehört und
anch beim Gebet den Hut abgenommen habe, daß er nur Wahrheit
gehört, den Hut abgenommen und zu dem Vernommenem in seinem
Herzen Amen gesagt habe.

Auf dem Weg nach Waterford wurde er mit seinen Begleitern von
echs Dragonern angehalten und ihnen auf Befehl etlicher Offiziere
der Armee ihre Pferde genommen. Es geschah dies durch boshafte
Anwendung eines vom irischen Parlament gegebenen Gesetzes, daß
kein Papist ein Pferd haben dürfe, das mehr als fünf Guineen werth
sei und daß Jeder, der den vorgeschriebenen Eid nicht leiste, als
Papist anzusehen sei. Wm. Penn und sein Sohn und zwei ihrer
Begleiter hatten sofort ihre Pferde loszukaufen; Penn berichtete die
Sache jedoch an die Ober-Richter von Irland und jene Offiziere erhielten mehrwöchentlichen Hausarrest, bis er selber für sie Fürbitte
einlegte. Als die Reisenden nach dem südwestlichen Irland gekommen waren, erhielten sie Nachricht, daß aus der Mitte der Quäker
selbst bei ihrer Jahresversammlung zu London ein bitterer Angriff
auf Wm. Penn sei gemacht worden. Er und seine Begleiter wurden
aber erfreut durch den bedeutenden Eindruck, den Wm. Penn's Reden
an verschiedenen Orten machten. In Cashel wurde eine eben begon-
nene Versammlung vom Bürgermeister der Stadt und dem Constable
auf Befehl des Bischofs unterbrochen und aufgefordert, auseinander
zu gehen. Die Menge des Volks ließ es aber nicht zu, daß der Bürgermeister Hand an Thomas Story legen konnte, der gerade redete.
Als der Schluß gemacht war, ging Wm. Penn selbst zum Bischof,
der ehrlich gestand, als er am Morgen zur Kirche gegangen, habe er
bei seiner Predigt keine Zuhörer gehabt als den Bürgermeister, die
Glieder des Kirchenraths, die Constables und die leeren Wände, und
das habe ihn wirklich etwas böse gemacht; im übrigen hege er gegen

ihn und seine Genossen keinen Widerwillen. Und doch schrieb dieser Bischof nachher an die Ober=Richter von Irland, Penn und die Quäker haben so viele Papisten in Waffen und eine solche Menge Volks zusammengebracht, daß er und mit ihm die Stadt sei in Furcht versetzt worden und darum habe er den Bürgermeister aufge= fordert, sie auseinander zu treiben. Nach einem Aufenthalt von drei Monaten in Irland kehrte Wm. Penn mit seinen Begleitern wieder nach England zurück. Jener Thomas Story schiffte sich gegen Ende des Jahres 1698 nach Amerika ein. Er war gewohnt ein Tagebuch zu führen, ein Umstand, dem wir viele interessante Mittheilungen, auch über seine neue Heimath Pennsylvanien, ver= danken.

Von dorther kamen jetzt wieder verschiedene Klagen über allerlei eingerissene Mißbräuche und Unordnungen. Allerdings erwies sich, daß sie übertrieben waren, namentlich was den Schmuggel und die Seeräuberei betrifft. Leider mußte zugegeben werden, daß die Zahl der öffentlichen Trinklocale viel zu groß sei. Auch handelte die Provinz in finanzieller Hinsicht keineswegs recht an Wm. Penn. Alle diese Umstände dienten mit dazu, daß in ihm der Entschluß reifte, sich von der alten Heimath ganz los zu machen und mit seiner Familie nach Pennsylvanien überzusiedeln. Indessen sollte sein Sohn Wilhelm, der schon verheirathet war, in England zurückbleiben. Leider war dieser Sohn Wilhelm nicht dazu angethan, dem Vater irgend Freude zu machen, obwohl es ihm an geistigen Anlagen nicht fehlte.

Kapitel XIII.

Wm. Penn's Predigtweise. — Zweite Reise nach Pennsylvanien, 1699. — James
Logan. — Rob. Quarry. — Pennsburg Manor. — Wm. Penn's Lebensweise und Thätigkeit. — Die Sklavenfrage. — Wm. Penn's Rückkehr nach
England, 1701. — Neue literarische Thätigkeit. — Gouverneur Hamilton,
1701. — Absichten, das Gebiet Wm. Penn's in der Neuen Welt direkt unter
die britische Krone zu bringen. — Gouverneur Evans, 1703. — Wm. Penn
der Jüngere. — Sein Aufenthalt in der Colonie. — Conflict zwischen dem Gouverneur und der Assembly, zwischen den „drei Counties" und Pennsylvanien. —
Klagen gegen Evans. — Gouverneur Chas. Gookin, 1709—1717.

Am 13. Juni 1699 hielt Wm. Penn im Versammlungs-
haus zu Westminster in London eine Abschieds-
predigt, aus der wir einige Worte mittheilen, da
dieselben als Beispiel seiner Predigtweise überhaupt
dienen mögen. Er sagte: „Er, der uns geschaffen,
weiß was für ein Gemächte wir sind. Er schuf
uns und formirte uns und gestaltete uns nach seinem
Bilde. Er gab uns Kräfte und Fähigkeiten, daß wir ihn ehren und
ihm dienen sollten. Daß wir endlich dazu gelangen mögen, für immer
in seiner seligen Gemeinschaft zu sein, fordert von keinem Mann, von
keinem Weibe mehr als den Gebrauch der von Gott dargereichten Gaben und Kräfte. Darum muß es uns Allen anliegen, jene göttliche
Gabe zu gebrauchen und die Gnade wohl anzuwenden, welche unser
Herr Jesus Christus jedem Gliede seines Leibes darreicht und mit-
theilt, so daß wir endlich am Firmament der Herrlichkeit glänzen mögen
als leuchtende Sterne. Jeder sollte, wo er hingestellt ist, Gutes thun,

(127)

nach den Gaben und der Gelegenheit, die wir haben. Wie durch die
Circulation des Blutes jedes Glied des Leibes für den Leib selbst
dienstbar und nützlich gemacht wird, so fließt das göttliche Leben und
das Blut des Sohnes Gottes durch seinen ganzen geheimnißvollen
Körper und bringt Leben in jedes einzelne Glied desselben. Da findet
sich kein Hinderniß durch Untreue oder ungezügelte Lust an der Welt
oder durch Verführung von außen oder das Verderben von innen.
Da ist ein offener Weg, ein offenes Thor für das Einströmen der
lebendigen Kräfte aus Christus, unserem herrlichen Haupte, in alle
seine Glieder. Aus Christus, in welchem die Fülle der Gottheit
wohnet leibhaftig, strömt Wasser des Lebens, dessen die Stadt Gottes
sich freut; da ist ein Quell, reich genug, das ganze Geschlecht der Gerechten, die, wie der Apostel sagt, in ihm erfunden werden wollen, zu
befriedigen und zu erquicken, sie, die nicht haben ihre eigene Gerechtigkeit, sondern die er kleidet mit dem Rocke seiner Gerechtigkeit, mit
den Kleidern des Heils."

Am 7. September 1699 segelte Wm. Penn mit dem Schiff
Canterbury von Cowes, Insel Wight, mit seiner Familie ab.
Drei Zeugnisse zu seinen Gunsten gaben ihm dreierlei Vereine und
Gemeinden der Quäker mit, um ihn auch ihrestheils bei den „Freunden" in Amerika zu accreditiren. Nach einer Fahrt von weniger als
drei Monaten langte das Schiff im Delaware bei Chester zur
großen Freude der Ansiedler an. Wm. Penn war am Abend zuvor
ausgestiegen und traf nicht fern von Chester im Hause der Lydia
Wade mit seinem Freunde Thomas Story zusammen. Am
folgenden Tage feuerten junge Leute zur Ehre des angekommenen
Gouverneurs ein paar Kanonen ab. Ein junger Mann verlor dabei einen Arm und später auch sein Leben. Das Freudenschießen
war gegen ausdrücklichen Befehl geschehen. Wm. Penn übernahm
aber sämmtliche Unkosten der ärztlichen Behandlung und nachher
auch die der Beerdigung.

Auch in Philadelphia wurde der Eigenthümer und Gouverneur der Provinz mit Freuden und Ehren empfangen, obwohl damals

ein düsteres Gefühl der Einwohner bemächtigt hatte, da das gelbe Fieber furchtbar graffirte. Doch war die schlimmste Krifis vorüber, als Wm. Penn die Stadt betrat. Ueber die damit verbundenen Umstände gibt uns ein Brief von James Logan, der von schottischen Eltern 1674 in Irland geboren war, eine vielseitige Bildung erlangt hatte und von Wm. Penn als fein Privatsecretär jetzt mit nach Pennsylvanien genommen wurde, Auskunft. Er bekleidete in der Provinz später das Amt eines Präsidenten des Provinzialrathes und zuletzt war er Oberrichter. Er war ein Mann von bedeutendem Talent und wissenschaftlichem Streben und correspondirte mit Gelehrten Europa's. Seine Bibliothek vermachte er dem Bibliothekverein von Philadelphia. Er wich bei feiner Neigung zu den Grundsätzen der Quäker doch darin von ihnen ab, daß er für ein Land die militärische Vertheidigung für nöthig und recht hielt. Auch darin zeigte er seinen verständigen und praktischen Sinn. Wm. Penn wußte den Mann wohl zu schätzen und hat darum auch viel mit ihm correspondirt.

Ein Mann, der lange Jahre den Interessen Wm. Penn's entgegen war und ihm viel Verdrießlichkeiten machte, war der Admiralitätsrichter Oberst Robert Quarry. Er war der bischöflichen Kirche zugethan und klagt schon mit Andern in einem Brief vom Januar 1797, daß so viele Glieder der bischöflichen Kirche wegen Mangel an Kirchen und Geistlichen die Quäkerversammlungen besuchten. In einem Brief vom Februar 1708 fordert er dringend auf, einen Bischof nach Amerika zu senden um des Interesses der Kirche willen. Ihm stand, als Gegner Wm. Penn's, der Advocat John Moore zur Seite. Beide machten es sich zum Geschäft, über die Dinge in Pennsylvanien möglichst ungünstige Berichte nach England zu senden. Beide waren von Wm. Penn in keiner Weise abhängig und er fand es passend, das möglichst beste Verhältniß mit ihnen zu bewahren. Ein anderer Mann, der von 1700 an Wm. Penn viele Schwierigkeiten bereitete, war Advocat David Lloyd aus Wales, früher in Cromwell's Armee, seit vielen Jahren in Pennsyl-

9

vanien eingewandert; er spielte den Volkstribunen, wußte auch
überall Zank und Streit anzurichten, und es war seine Lust, auch
gegen die besten Vorschläge und Absichten Opposition zu machen.

Anfangs genoß Wm. Penn und James Logan eine Woche hin=
durch der Gastfreundschaft Edw. Shippen's, dessen Haus an
Größe und Herrlichkeit in seiner Zeit in Philadelphia Alles über=
ragte; es stand auf einer Anhöhe auf der Südseite des Dockflüß=
chens. Er war der erste Bürgermeister der Stadt gewesen. Nach=
her bezog Wm. Penn das sogenannte *Slate House*, das an der
Südost Ecke der Zweiten Straße und Norris Alley lange bis in
unser Jahrhundert herein stand, einst aber in einem schönen Park
mit herrlichen Waldbäumen gelegen hatte. Hier wurde Wm. Penn,
etwa zwei Monate nach der Landung, das einzige seiner Kinder ge=
boren, welches das Licht der Welt in der Neuen Welt sah, John,
genannt „der Amerikaner." Wm. Penn besuchte nun den
Winter hindurch da und dort Versammlungen der Quäker mit Tho=
mas Story und wendete seine erste Aufmerksamkeit den Staatsge=
schäften zu. Indessen geschah im Provinzialrath und der Assembly
im April 1700 nichts von größerer Bedeutung. Manche wünschten
eine Aenderung des Freibriefes. Allein es kam nicht dazu.

Im Frühjahr oder Sommer des Jahres 1700 bezog Wm. Penn
seinen, von uns schon früher erwähnten Landsitz Pennsbury
Manor, vier Meilen oberhalb Bristol am Delaware in Bucks
County. Derselbe umschloß mehr als 6000 Acker fruchtbaren, da=
mals meist waldbedeckten Landes am Delaware hin zwei Meilen
lang. Das eigentliche Wohnhaus mit andern Baulichkeiten hatte
5000 Pfund gekostet, hat aber längst einem bequemen Farmhaus
Raum gegeben. Es bot gegen den Fluß eine Front von etwa 60
Fuß, war von Backsteinen erbaut und zwei Stockwerke hoch. Im
untern Stockwerk befand sich eine große Halle für besondere, feierliche
Anlässe. Auf dem Dach befand sich ein Wasserreservoir, dessen
Fehlerhaftigkeit der frühe Zerfall des Baues zugeschrieben wird.
Derselbe stand auf einer Erhöhung des Bodens und ein breiter Weg

führte von ihm zum Fluß hinab. Um das Haus her zog sich ein Garten und durch den Wald führten Fußwege. Wm. Penn gab sich Mühe, Fruchtbäume und Zierbäume aus England und Amerika anzupflanzen. Das Haus war im Geschmacke jener Zeit reich möblirt. Es wird erzählt, daß Wm. Penn bei einer Gelegenheit den Indianern ein Mahl an langer Tafel im Freien vor seinem Hause gab, wobei 100 Welschhühner unter Anderem aufgetragen wurden.

Oft besuchte er die gottesdienstlichen Versammlungen der „Freunde" in Pennsylvanien und New Jersey und dabei begleiteten ihn je und je seine Gattin und Tochter zu Pferde. Indessen war er auch im Besitze eines Wagens oder einer Kutsche, wovon aber nur in Phila= delphia und Umgegend Gebrauch zu machen war. Dies entsprach dem Zustande der Wege im Lande. Er hatte aber auch für sich und seine Familie ein großes Boot mit Mast und Rudern. Er hielt, der Sohn eines Admirals, darauf große Stücke. Gerne hielt er damit an zwischen Pennsbury und Philadelphia zu Burlington und besuchte Jennings, der ebenfalls Quäker und ausgezeichneter Prediger und Gouverneur von New Jersey war. Einmal saß dieser mit etlichen Freunden beim Genuß ihrer Tabakspfeifen. Wissend, daß Wm. Penn dem Rauchen abhold war, legten sie bei der Nachricht, daß Wm. Penn komme, ihre Pfeifen weg und er begrüßte sie mit der Bemerkung, daß ihn freue zu sehen, daß sie so viel Anstand haben, sich ihres Rauchens zu schämen. Jennings entgegnete, von Sichschämen sei da nicht die Rede, sondern sie wollen nur einem schwachen Bruder keinen Anstoß geben. Daß Wm. Penn von allen seinen Nachbarn hochgeachtet wurde, darüber stimmen alle Zeugen überein.

Während er fleißig und thätig den regelmäßigen gottesdienst= lichen Versammlungen der Quäker anwohnte, vernachlässigte er den Familiengottesdienst keineswegs. Dreimal des Tages versammelte er zu diesem Zwecke die Glieder des Hauses. Man weiß auch, daß er allein in seinem Kämmerlein auf den Knieen zu beten gewohnt war

In diesem Jahre 1700 kam er auch mit Gouverneur Nicholson von New York zur Berathung öffentlicher Angelegenheiten zusammen; ebenso mit Lord Baltimore von Maryland. Im folgenden Frühjahr machte er eine Reise in's Innere seiner Provinz und drang vor bis an den Susquehanna, vielleicht in der Richtung des jetzigen Columbia. Von dort kam er mit seinem Gefolge zurück an den Schuylkillfluß.

Daß Wm. Penn Besitzer von Sklaven war, geht aus seinen Briefen hervor. Damals war die Zahl derer sehr gering, die das Unmoralische der Sache erkannten. Einer der ersten Freunde der Sklaven war Georg Fox, der im Jahre 1671 Quäker in Barbadoes anwies, ihre Sklaven zu wahrer Gottesfurcht zu leiten, durch die Aufseher sie sein milde behandeln zu lassen und nach gewissen Jahren sie freizugeben. Zu einem weiteren Schritt kam es erst durch die schon früher von uns erwähnten deutschen Quäker zu Germantown, deren Anregung der Sklavenfrage aber damals noch desavouirt wurde. Doch erließ die allgemeine Jahresversammlung der Quäker im Jahre 1696 die Anweisung, man solle das Importiren von Negern ja nicht befördern, sie wohl im Auge behalten, zu den Gottesdiensten, auch zu häuslichen Andachten bringen und von sittenlosem Leben abhalten u. s. f. Manche Quäker ließen wohl von damals an Sklaven frei. Aber erst achtzig Jahre später wurde es der Kirchenzuchtsordnung einverleibt, daß „Freunde" keine Sklaven halten dürfen. Wm. Penn selber gab seine Sklaven theils in seiner Lebenszeit frei, theils gab er ihnen die Freiheit in seinem letzten Willen.

Es lag Wm. Penn daran, die „drei Counties" möglichst mit der Provinz Pennsylvanien zu verbinden. Er stieß aber hier auf Eifersüchteleien und andere Schwierigkeiten. Schon bei seiner ersten Anwesenheit in Pennsylvanien war er auch darauf aus, am Susquehanna Land von den „Fünf Nationen", den Iroquois, die im New York Gebiet wohnten, aber jenes Land als eine Eroberung beanspruchten, käuflich an sich zu bringen. Aber die Indianer um den Fluß erkannten die Eroberung und den Verkauf nicht an und

Wm. Penn hatte das Land jetzt erst von ihnen zu erwerben und schloß mit ihnen Freundschaft. Der Handel mit denselben gab Anlaß zu viel Unrecht und Unfug und wurde deshalb gesetzlich beschränkt und geordnet. Auch lag schon die Absicht vor, eine Gesellschaft zum Zweck des Handels mit den Indianern zu bilden.

Im August 1701 hatte Wm. Penn der Assembly ein Schreiben des Königs vorzulegen mit der Aufforderung, zum Bau von Forts an der Grenze von New York beizutragen. Natürlich war die Sache selbst ihm und allen „Freunden" in der Assembly sehr zuwider. Er hatte indessen das Schreiben vorzulegen. Vorsichtig wich er jeder ferneren Erklärung aus. Die Assembly aber, meist aus „Freunden" bestehend, ließen den König wissen, daß sie seinem Willen gemäß handeln werden „so weit es ihr Gewissen erlaube." Die Glieder von den drei Counties aber entschuldigten sich, da sie sich selbst in einem völlig schutzlosen Zustande befinden. Nun entließ Wm. Penn die Assembly. Aber ohne Verzug war zur Wahl neuer Repräsentanten zu schreiten. Denn es kam Nachricht, daß man beabsichtige, ein Gesetz durch's Parlament ergehen zu lassen, die Provinzen, die jetzt unter der Administration von Eigenthümern standen, mit der britischen Krone direct zu verbinden. Bereits war das Gesetz zweimal im Oberhaus verlesen worden. Seine Annahme war nur eine Frage der Zeit. Penn aber wurde von Freunden dringend aufgefordert, unverzüglich nach England im Interesse der Provinz und im eigenen zurückzukehren. Nochmals versammelte er im September die Assembly und theilte ihr die Lage der Sache mit. Sie dagegen stellten allerlei und zum Theil unbillige, sein Besitzrecht antastende Forderungen. Er kam ihnen mit viel Bereitwilligkeit entgegen. Die Glieder der drei Counties verlangten abermal, daß ihr Gebiet von dem von Pennsylvanien völlig abgetrennt administrirt werde. Er war auch hierin willig nachzugeben, wenn die Sache auf freundlichem Wege und mit billigen Bedingungen geschehe. Auch zu Veränderungen im Freibrief der Provinz bot er seine Hand.

Von den Bürgern Philadelphia's nahm Wm. Penn Abschied am

27. October und gab der Stadt als Zeichen seines guten Willens ihren Freibrief. Am 30. ernannte er Andr. Hamilton, früher Gouverneur von Oft- und West-Jersey zum stellvertretenden Gouverneur und James Logan zum Provinzial-Secretär. Seine persönlichen Angelegenheiten waren diesem Manne ebenfalls anvertraut. Ihm schrieb er noch vom Schiffe aus am 3. October 1701. Dann verließ er Amerika um es nie mehr zu sehen.

In England angekommen mußte Penn die schmerzliche Erfahrung machen, daß sein Sohn William in böse Gesellschaft gerathen und ausschweifend geworden war. Er verursachte seinem Vater unsäglich viel Kummer.

König Wilhelm III. starb im Frühling 1702. Eine seiner letzten Handlungen war die Unterschrift eines Gesetzes, welches den Quäkern den Eid durchaus erließ und an Eidesstatt ihre einfache Erklärung gelten ließ. Auch die Nachfolgerin, Königin Anna, erklärte sogleich bei ihrem Regierungsantritt, daß sie den *Act of Toleration* zu Gunsten der Diffenters aufrecht erhalten wolle. Die Quäker drückten ihre Dankbarkeit durch eine Deputation aus, an deren Spitze Wm. Penn stand.

Ihm selbst bereiteten aber seine persönlichen Verhältnisse damals große Verlegenheiten. Er drückte sich darüber in einem Brief am 21. Juni 1702 von London an James Logan dahin aus, daß er in wirklicher Geldnoth sich befinde; statt daß er Schulden abzahlen könne, müsse er neue machen und seine Ausgaben belaufen sich so hoch durch nie aufhörende Anforderungen, daß er gar oft vier, fünf und sechs Guineen in Einem Tage ausgebe. Seine Gattin lebe mit ihrem Vater, werde aber nach Worminghurst ziehen, da seine Tochter Lätitia, Kind seiner ersten Gattin, wohl sich verehelichen werde. Immer drohte die Gefahr, daß man seine Provinz direct unter die königliche Administration stellen werde. Col. Quarry war auch nach England gekommen, um gegen ihn zu arbeiten. In Pennsylvanien selbst wirkte eine Partei, Anhänger der bischöflichen Kirche, gegen ihn, besonders mit der Beschuldigung, daß er die

Provinz in vertheidigungslosem Zustande belasse. Der von Gou=
verneur Hamilton beabsichtigten Formirung einer Miliz waren
sie aber ebenso entgegen wie die Quäker, wenn schon aus andern
Motiven. Wie die Dinge in der Provinz standen, so wurden die
sehr zahlreichen Quäker Anfangs meistens in die Legislatur und in
Aemter gewählt. Das gebrauchten die Bischöflichen als Vorwand,
um über Verfolgung zu klagen.

Um der Königin, mit der er oft wegen seiner Provinz zu verhan=
deln hatte, näher zu sein, zog Wm. Penn wieder nach Kensington
in London. Hier schrieb er einen zweiten Theil jener früher er=
wähnten "*Reflections and Maxims to the Conduct of Human Life*"
als weitere Früchte einsamen Lebens. Dann zog er nach dem Stadt=
theil Knightbridge, wo er mehrere Jahre blieb und mit Publicatio=
nen fortfuhr. Sein Sohn William faßte auch den Plan, nach
Pennsylvanien zu ziehen. Unser Wm. Penn war damals schon
Großvater.

In seinem Eigenthum in der Neuen Welt hörten die Schwierig=
keiten zwischen den drei Counties und Pennsylvanien nicht auf. Die
Abgeordneten von beiden Theilen vermochten nicht, friedlich zusam=
men zu handeln. Gouverneur Hamilton starb am 20. April 1703.
Die Regierung kam zunächst an den Provinzialrath. Nun hatte Col.
Quarry es in England dahin zu bringen gewußt, daß alle executi=
ven und richterlichen Beamten in der Provinz den in England vorge=
schriebenen Eid oder die den Quäkern dort gestattete Formel zu leisten
hatten und zwar in die Hand der Kronbeamten oder Richter. Als
solcher trat er nun auf und verlangte obendrein, daß die fünf Glieder,
von denen nur zwei sich zum Eid darboten als nicht Quäker, alle
zusammen denselben Eid schwören sollten. Er freute sich, durch diese
Chicane den ganzen Rath außer Activität zu setzen. Glücklicherweise
hatte der oberste Zollbeamte ebenfalls das Recht, die Glieder des
Rathes schwören oder affirmiren zu lassen. Er gab sich endlich dazu
her und die Administration der Provinz ging in gesetzlicher Ordnung
weiter. Nun war aber die andere Schwierigkeit, daß jene Verord=

nung, welche Quarry veranlaßt hatte, anch festsetzte, daß man jeden müsse schwören laffen, der schwören wollte, statt zu affirmiren. Nun wollten aber Quäker, als Beamte, ebensowenig Jemand schwören laffen, als selber schwören und somit blieb ihnen nichts übrig, als ihre Stellen niederzulegen, worauf manche Glieder der bischöflichen Partei gerade warteten. Vergessen wir nicht, daß allerdings schon viel früher war geklagt worden, daß mit dem Affirmiren, das die Quäker von Anfang an für Alle an die Stätte des Eides setzten, schwerer Mißbrauch von grundsatzlosen Menschen soll getrieben wor= den sein. Wir können uns auch leicht erklären, warum dieselbe Par= tei, der das Quäkerregiment zuwider war, darauf hinarbeitete, Penn= sylvanien direct unter die Krone zu bringen, besonders seit es in New Jersey dahin gekommen war. Und von derselben Partei wiederum kamen Klagen, daß Quäker in ärgerlicher Weise von Taufe, Abend= mahl und Anderem reden. Vollends hörte die Beschuldigung nicht auf, daß die herrschende Partei in Pennsylvanien nichts thue, um die Königin in Kampf mit Frankreich oder andern Feinden zu unter= stützen, oder um die Provinz in Vertheidigungszustand zu setzen.

Es ist kein Wunder, daß Wm. Penn unter diesen Umständen bis= weilen der Sache müde wurde und selbst dem Gedanken nahe kam, besonders bei seinen finanziellen Schwierigkeiten, seine Regierungs= rechte gegen Vergütung an die britische Krone abzutreten und nur seinen persönlichen Besitz in der Colonie für sich zu reserviren. Und Unterhandlungen zwischen ihm und den Beamten der Krone wurden wirklich gepflogen. Seinen „Freunden" aber gab er die Hoffnung, daß er dabei ihr Interesse gehörig im Auge behalten werde. Auch ist aus dem Plan nichts geworden und Pennsylvanien bis zum Unabhän= gigkeitskrieg unter den Penn's geblieben. Ob das für die Provinz ein besonderes Glück war, laffen wir dahingestellt.

Am 12. Febr. 1704 gelangte der jüngere William Penn in Begleitung des neu ernannten stellvertretenden Gouverneurs John Evans nach Pennsylvanien. Der Vater hoffte wohl, daß die dorti= gen Umstände günstig auf den Sohn in moralischer Hinsicht einwirken würden. Er täuschte sich hierin und freilich auch in John Evans, der sich als Freund des Sohnes und als Regent des Landes gleich untauglich erwies. Indessen war der Eindruck, den beide Anfangs machten, kein ungünstiger. Eine Miliz organisirte Evans; die Proclamation zu diesem Zweck ließen die Quäker freilich nicht durch ihre Presse ausgehen. Companieen wurden aber formirt in Philadelphia, New Castle und an andern Orten. Klagen waren jedoch damals sehr allgemein über die Armuth der Provinz. An Lebensmitteln fehlte es nicht, aber an geldbringendem Handel und Industrie. Gouverneur Evans vermehrte die Zahl der Glieder des Provinzialrathes um fünf, d. h. um das Doppelte und ernannte dazu auch den jungen Penn, der sich aber selten zeigte und bald darauf dem Freunde seines Vaters, James Logan, viele Sorgen zu machen anfing. Er besuchte gerne, und leider auch spät in der Nacht, die Trinklokale. Und darin leistete ihm sein Freund Evans Gesellschaft. Die Folge war, daß beide bei einer Gelegenheit, wie die Sage geht, bei ausgelöschten Lichtern durchgeprügelt wurden und vor Gericht war ihnen auch nicht zu helfen. Ja, ein Alderman Wilcox soll selbst dem ersten Staatsbeamten die Hiebe beigebracht haben. Die Nacht warf und wirft ihre Decke darüber. Der junge Penn entzog sich dem Einfluß der „Freunde" mehr und mehr und trat bald völlig von ihnen ab. Er war auch ein Schuldenmacher und sein Landsitz mit 8000 Acker Feldes, die Gegend des jetzigen Norristown, Montgomery Co., Pa., wurde deshalb für 850 Pfund an William Trent und Isaak Norris verkauft. Seine Rückreise nach England war kein Verlust für die Provinz. Sein Vater aber litt schwer darunter.

Vergeblich versuchte Evans die Provinz und die drei Counties wieder unter Eine Verwaltung zu bringen. Dadurch verstimmt, reizte er die Assembly von Pennsylvanien auf verschiedenen Wegen auf und der schon genannte David Lloyd trug als rechter Demagog das Seinige dazu bei. Er suchte Wm. Penn in Schwierigkeiten mit der Assembly zu verwickeln und bediente sich dazu der unlautersten Mittel. Dieser selbst hatte von seiner Provinz nicht nur lauter Widerwärtigkeiten, sondern sie hatte ihn auch, wie er in einem Briefe von 1704 sagt, bereits mehr als 30,000 Pfund ge= kostet. Sehr ungerecht handelte die Provinz, daß sie selbst für die Erhaltung der Regierung keine Lasten tragen und eingegangene Ver= bindlichkeiten nur abweisen wollte. Und von anderer Seite wurde Wm. Penn sogar in seiner eigenen Familie bedrängt. Seine Toch= ter Lätitia hatte William Aubrey, einen klugen und inter= essirten Kaufmann, geehelicht. Ihr war als Mitgift auch ein Land= strich in Pennsylvanien zugewiesen und ihr Gatte verlangte nun das Geld dafür viel schneller, als ihr Vater es flüssig machen konnte. Sein Sohn William aber fuhr in seinem verkehrten Wege fort, be= absichtigte so ganz gegen den Geist seines Vaters in die Armee oder Flotte einzutreten und bemühte sich vergeblich um einen Sitz im Parlament.

Im Jahre 1705 löste Gouverneur Evans die damalige, gegen Wm. Penn unfreundlich gesinnte, von David Lloyd sehr beeinflußte Assembly auf. Die im Herbst desselben Jahres neu erwählte be= stand mit Ausnahme eines einzigen Gliedes aus lauter Quäkern und zwar aus verständigern Elementen derselben. Diese Assembly hielt eine dreimonatliche Sitzung und erließ mancherlei gute Gesetze, war auch von einem friedsameren Geist beherrscht. Dadurch wurde Wm. Penn veranlaßt, mit dem Plane, seine in seiner Provinz ihm zu= stehende Regierungsgewalt an die britische Krone käuflich übergehen zu lassen, noch zu warten.

Leider war der friedliche Zustand von keiner längeren Dauer. Gouverneur Evans glaubte wohl, jetzt sei der Zeitpunkt gekommen, seiner Neigung zum Soldatenwesen mehr nachgehen zu dürfen und zunächst wollte er das ganze unter Wm. Penn stehende Gebiet in Vertheidigungszustand bringen. Kriegerische Einfälle, welche die Indianer in andere Colonien gemacht hatten, und die Gefahr, die den Colonien und dem Handel von der damals blühenden Seeräube= rei drohte, gaben ihm dazu geeigneten Anlaß. In den „drei Conn= ties" fand er damit mehr Anklang. Dort waren weniger Quäker.

Anders war es in Pennsylvanien. Gouverneur Evans glaubte viel=
leicht nicht so recht an die Redlichkeit der Beweggründe der Quäker.
Er bediente sich nun aber, um zu seinem Zweck zu kommen, im Som=
mer 1706 eines höchst verwerflichen Mittels. Er ließ nach einem
zuvor angelegten Plan plötzlich in Philadelphia und Umgegend durch
die rein erdichtete Botschaft eines feindlichen Einfalls in der Delaware=
Bay, des Brandes von Lewistown u. s. s. großen Schrecken erregen.
Dann folgte sogleich eine Proclamation, daß Jedermann zur Ab=
wehr des Angriffs sich zu rüsten habe. In Philadelphia trat die
Miliz zwei Nächte unter die Waffen. In Folge des Alarms flohen
viele Familien aus der Stadt. Andere vergruben ihr Silberzeug
und sonstige Werthsachen oder versteckten sie auf andere Weise.
Der Schrecken wurde allgemein. Natürlich aber erwies sich der
ganze Kriegsalarm in kurzer Zeit als reine Fabrikation, benahm dem
Gouverneur den Rest von Achtung, den er etwa noch genoß, und er=
regte Unzufriedenheit. Evans versuchte bei der nächsten Versamm=
lung der Assembly ganz vergeblich, dieselbe zu kriegerischen Maß=
regeln zu veranlassen. Auch wollte er eine Taxe auf die den Dela=
ware befahrenden Handelsschiffe legen, wozu er auch nicht einen
Schein von Recht hatte, da der königliche Freibrief der Colonie freie
Schifffahrt auf dem Fluß verbürgte. Ein Schiff wagte es und
passirte Fort Casimir (New Castle), dessen Commandant ihm eine
Kanonenkugel nachsandte, die durch die Segel riß. Als er aber das
Schiff selber mit dem Ruderboot einholte und es bestieg, nahm der
Capitän ihn ohne Weiteres selbst als Gefangenen mit nach Salem
in New Jersey und dorthin verfolgte Gouverneur Evans dasselbe
nun persönlich. Hier aber gab ihm Lord Cornbury, Vice Admi=
ral des Delaware, seine Meinung in sehr klaren Ausdrücken und die
ganze Sache endigte damit, Evans in der öffentlichen Meinung noch
tiefer herabzusetzen und die Schwäche seiner Regierung aufzudecken.
Wie wenig er galt, mußte er auch bei der nächsten Zusammenkunft
der Assembly inne werden. Es kam bei dieser Gelegenheit auch zu
einer eigenthümlichen Scene. Jener David Lloyd war zum

„Sprecher" des Hauses erwählt. In einer Zusammenkunft mit dem Gouverneur erhob er sich nicht von seinem Sitz, als derselbe ihn an= redete, indem er sich darauf berief, daß er hier die Majestät des Volkes repräsentirte und bei einem solchen geschäftlichen Anlaß Alle auf gleichem Fuße stehen. Evans aber behauptete, daß er die Majestät der Königin — damals Anna — vertrete. Die Conferenz lief auseinander, um es nicht zu bedenklichen Worten kommen zu lassen. Länger als eine Woche wurde über diesen ceremoniellen Punkt ver= handelt. In der eigentlichen geschäftlichen Frage aber, welche vor= lag, nämlich die Ernennung zu Richterstellen und die Dauer der Amtszeit, erließ nun Evans eine Proclamation ohne Rücksicht auf die Conferenz und Assembly. Jetzt brachten David Lloyd und sein Anhang, da sie den Gouverneur nicht glaubten fassen zu können, eine Anklage gegen James Logan, den verantwortlichen Secretär des Provinzialrathes, der ohnehin der Gegner Lloyd's, in seinen Aus= drücken oft derb, aber ein Mann von festen Grundsätzen war. Als er sich gegen die Anklagen, daß er dem Volk seine politischen Rechte entziehe und Anderes mehr, zu verantworten hatte, bediente er sich allerdings ärgerlicher Ausdrücke, ließ sich aber nichts anhaben und sofort wendete sich der Angriff gegen Evans selbst. Sie ver= klagten ihn im Sommer 1707 vor Wm. Penn wegen unmoralischen Wandels, Gewaltthätigkeit in der Frage des Richteramtes, unge= rechter Bedrückung des Handels, falschen Kriegsalarms u. s. f. Klagen gegen Logan, der aber seit einem Jahre selbst dem Gouverneur sein Vertrauen völlig entzogen hatte, wurden beigefügt. In Folge von Nachrichten, die Logan an Wm. Penn hatte ergehen lassen, hatte dieser noch vor der Anklage gegen Evans demselben tüchtigen Ver= weis gegeben. Und das soll nicht ohne gute Wirkung gewesen sein. Aber es kam zu spät. Der gute Name war dahin, das Vertrauen verloren und die Entfernung des Mannes war nur eine Frage der Zeit. Schwer war es gewiß, den rechten Mann für diese Stelle unter den eigenthümlichen Verhältnissen zu finden. Das Streben der Colonisten nach Unabhängigkeit, die besondern Grundsätze der

Quäker, dieses starken Elementes der Provinz, die unleugbare exe=
cutive Machtlosigkeit des Eigenthümers und seines stellvertretenden
Gouverneurs, der Conflict der Ansichten und Tendenzen zwischen den
Colonisten selbst, der Streit der Interessen zwischen der britischen
Krone, dem Provinzeigenthümer und den Provinzbewohnern — das
Alles mit der großen Entfernung vom Mutterlande und von der
Centralgewalt machte die Stellung eines Gouverneurs in der That
sehr schwierig. Wm. Penn erkannte das völlig und deshalb hatte
er mit seinen Stellvertretern viele Nachsicht, ließ sich auch nicht leicht
Dinge gegen sie in die Ohren setzen. So zog sich auch die Ent=
lassung Evans' hin und erst im März 1709 gelangte der neue
Gouverneur, Oberst Charles Gookin nach Pennsylvanien.

Kapitel XIV.

Finanzielle Verlegenheit und Befreiung Wm. Penn's. — Gouverneur Gookin in
Pennsylvanien. — Unfreundliches Benehmen der Assembly. — David Cloyd. —
Bessere Gestaltung der Dinge in der Provinz. — Wm. Penn denkt an Ueber-
tragung seiner Regierungsgewalt an die britische Krone. — Sein Krankheitsan-
fall und Schwächezustand. — Hannah Penn als Gattin und Mutter. —
Gouverneur Wm. Keith, 1717. — William Penn stirbt, 30. Juli 1718. — Die
Familie und ihre Verhältnisse nach seinem Tode. — Rückblick und Schluß.

u all' dem Schweren, was über Wm. Peun
in seinen öffentlichen und häuslichen Ange=
legenheiten schon ergangen war, kam nun
noch das hinzu, daß er von seinem finanziellen
Vertrauensmann in England, einem Agenten
Philipp Ford, der noch obendrein selber
Quäker war, auf's schändlichste betrogen und
in die größte Verlegenheit gebracht wurde.
Er war mit demselben seit vielen Jahren be=
kannt und hielt große Stücke auf ihn. Aber eben das in ihn gesetzte
Vertrauen wußte Philipp Ford für seine selbstsüchtigen und unlautern
Absichten zu benützen. Von den höchst bedeutenden Summen Geldes,
welche auf Rechnung Penn's durch seine Hand gingen, forderte er un=
billige Commissionszinsen und dazu halbjährlich Zins auf Zins und
zwar acht Prozent, ein Drittheil mehr als das Gesetz erlaubte. Das
Ende war, daß Wm. Penn, der Ford's Abrechnungen ohne genauere

(142)

Prüfung auf Treu und Glauben angenommen hatte, endlich an den=
selben nicht weniger als 10,500 Pfund schuldete und ihm, um ihn
zu befriedigen, einen förmlichen Rechtsanspruch auf Pennsylvanien
ausstellte zur Versicherung. Nach Ford's Tod machten seine Wittwe
und sein Sohn sofort darauf Anspruch. Penn wollte den Streit
durch die Quäkergemeinde, zu der sie gehörten, entscheiden lassen,
was sie zurückwiesen, wohl weil sie die Untersuchung der Rechnungen
fürchteten. Die Sache kam vor den Lord Chancellor, der aber, da
Wm. Penn die Rechnungen Ford's längst in großer Unvorsichtigkeit
selbst durch seine Unterschrift für richtig erklärt hatte, eine neue
Untersuchung nicht zulässig fand. Es stand so bedenklich mit Wm.
Penn, der diese ihn drängenden Gläubiger nicht befriedigen konnte,
daß einige seiner Vertrauten Summen für ihn aufzubringen suchten
und James Logan ihm jetzt den Rath gab, seine Regierungsgewalt
über sein Gebiet in Amerika an die Krone zu verkaufen. Dagegen
hatten ihn allerdings die üblen Gerüchte über Gouverneur Evans,
den er trotzdem so lange im Amte gelassen, die Herzen vieler und
hochstehender Quäker in England entfremdet. Und in der That
kam es dazu, daß Wm. Penn, in Folge des Drängens der Familie
Ford, gefangen gesetzt wurde, als zahlungsunfähiger Schuldner. Und
diese Familie wollte zu den Quäkern gehören! Und war Wm. Penn's
Haft auch erträglich genug, so war es eben doch Haft und blieb es
neun Monate hindurch. Dabei tröstete und belebte ihn der Gedanke,
daß er den Rest seines Lebens in Pennsylvanien vollbringen werde.
Die Ford's, Mutter und Sohn, ließen ihn endlich frei mit Zahlung
von 7600 Pfund, und vergnügt schreibt er an James Logan am
27. December 1708, daß er frei und sein Pennsylvanien wieder sein
Eigenthum sei, obwohl er denen, die ihm Geld vorgestreckt hatten,
es auf's Neue als Versicherung zuschrieb. Er hatte sich durch diesen
ganzen schweren Kampf muthig und gefaßt gezeigt.

Als es zu Wm. Penn's Befreiung kam, war der neue stellver=
tretende Gouverneur Gookin eben von England abgereist und
kam im März 1709 dort an mit guten Empfehlungen. Um jene

Zeit kam das Gerücht, daß am Conestoga=Fluß eine Silbermine sei
entdeckt worden und Wm. Penn hoffte in seinen finanziellen Bedräng=
nissen Hilfe auch von daher; die Silbermine war aber nie entdeckt
worden und ein Reichthum Pennsylvaniens liegt in andern Minen=
schätzen.

In ihrer ersten Adresse an den neuen Gouverneur berührte die
Assembly der Provinz auf unzarte Weise die Fehler seines Vorgän=
gers im Amte, wünschte, daß derselbe gerichtlich verfolgt würde und
schrieb seine Vergehungen schlimmen Rathgebern zu. Gookin wies
diese Bemerkungen einfach ab, da sie ihn nichts angehen. Sein
Provinzial=Rath aber bezog die „schlimmen Rathgeber" auf sich.
Die Assembly erklärte sofort, daß sie sich nur auf den Sekretär,
James Logan, und einige Leute, die nicht zum Rath gehören,
bezogen haben. Logan verlangte eine Untersuchung. Die Assem=
bly, von der im Namen der Königin Geldmittel zu einer Expedition
gegen die Franzosen in Canada waren gefordert worden, weigerte
sich dessen „Gewissenshalber," gestattete aber zum Zeichen ihrer
Loyalität fünfhundert Pfund statt der erwarteten 4000 Pfund und
brachte in ihrer letzten Versammlung unter dem Vorsitz von David
Lloyd schwere Anklagen gegen Logan. Dieser aber antwortete
mit Beschuldigungen gegen Lloyd, wurde ohne Untersuchung wegen
seines Tadels über das Verhalten von Gliedern der Assembly zur
Verhaftung verurtheilt, vom Gouverneur aber dagegen geschützt und
reiste ab nach England. Dort wurden die Beschuldigungen gegen
ihn vor dem bürgerlichen Gericht als völlig unberechtigt erfunden.
In Pennsylvanien begann bald eine Reaction zu seinen Gunsten;
bei der nächsten Wahl im Jahre 1710 für die Assembly wurde David
Lloyd und sein Anhang völlig geschlagen und die Freunde Penn's
und Logan's siegten vollständig. Lloyd zog nach Chester. Ein sehr
schöner, ernster, aber freundlicher Brief Wm. Penn's vom 29. Juni
1710 konnte jene Wahl in keiner Weise beeinflussen, da er zu spät
ankam, machte aber im Kreis der „Freunde" einen sehr günstigen
Eindruck. Die Assembly ergriff nun manche für die Provinz heil=

fame Maßregeln und gewährte der Königin, die im Krieg gegen
Canada verwickelt war, zweitausend Pfund, nicht eben zum Krieg,
sondern einfach zum Gebrauch der Königin. Der Einfluß der Quä=
ker in der Assembly zeigte sich auch darin, daß im Jahre 1712 die
Einfuhr von Negern und Indianern (als Sklaven) in die Provinz
verboten wurde, ein Gesetz, dem leider die britische Krone die Sanc=
tion nicht gab.

Friedlich gingen in der Provinz die letzten drei Jahre hin, in wel=
cher Wm. Penn an der Verwaltung seiner Provinz noch Antheil
nehmen konnte. Er hatte noch im Jahr 1709 als Reiseprediger ver=
schiedene und namentlich auch die westlichen Gegenden England's
bereist. Seit einiger Zeit hatte er nahe bei Brentford, acht
Meilen von London und in der Nachbarschaft eines Versammlungs=
hauses der „Freunde," residirt. Im Jahre 1710 zog er um seiner
wankenden Gesundheit willen nach Ruscombe, nahe Twyford,
wo er bis zu seinem Tode verblieb. Dort dictirte er im Jahre 1711
das Letzte, was von ihm publicirt wurde, die Vorrede zum Tagebuch
seines alten Freundes John Banks seinem Schreiber, am Stock
im Zimmer auf= und abgehend. Damals war sein Geist noch in
völliger Klarheit. Viel beschäftigte ihn in jenem und dem folgenden
Jahre der längst angeregte Gedanke, seine Regierungsgewalt gegen
Vergütung an die britische Krone abzutreten. Im Jahre 1712 war
es nahe an der Ausführung des Planes. Aber es sollte nicht dazu
kommen. Am 4. October 1712 wurde er, während er einen Brief
an seinen treuen Vertrauensmann Logan schrieb, vom Schlag ge=
rührt und konnte auch den eben begonnenen Satz nicht vollenden.
In einem Zustand von Schwachheit hatte er sich schon zuvor befun=
den. Ein wiederholter Anfall traf ihn einige Monate später und
ein dritter brach seine Kräfte völlig zusammen. Er verlor sein Ge=
dächtniß und die ganze frühere Frische und Elasticität seines Geistes.
Kein Wunder — es hatten der rauhen Stürme so viele an die ge=
brechliche Hütte geschlagen. Indessen blieb ihm sein mildes, fried=
sames, liebevolles Gemüth und der innige Umgang mit Gott. Er

10

war, als ihn auch diese Prüfung traf, etwa 68 Jahre alt. Noch
sechs Jahre lebte er in diesem Zustand körperlicher und geistiger
Schwachheit.

Seine Gattin Hannah bewährte sich ihm auch jetzt als eine
treue Genossin seiner Wallfahrt, und während sie ihn auf's Beste
verpflegte, mußte sie auch die ganze Last der Vermögensverwaltung
auf sich nehmen. Leider gab ihr der jüngere William Penn dabei
auch nicht die geringste Handreichung um seines dissoluten Charakters
und seiner Unmäßigkeit willen. Er sah seinen Vater viele Monate
nach einander nie. Nach des Vaters Tod machte er als Erbe An=
sprüche, aber die Regierung erkannte die Wittwe des Vaters als
Testamentsvollstreckerin. Der ungerathene Sohn aber endete zwei
Jahre nach seines Vaters Tod an der Auszehrung in Frankreich und
hinterließ drei Kinder.

Hannah Penn war glücklicherweise eine Frau von bedeutender
Geisteskraft, verständigem Urtheil, Geschäftstakt und festem Willen.
Und wahrlich — die Last war schwer genug auch für die kräftigsten
Schultern, die sie zu tragen hatte. Sie hatte die Schulden abzube=
zahlen, die Correspondenz zu führen, für die Familie zu sorgen, die
jüngern Kinder zu erziehen und so lange der gebrechliche Gatte lebte,
seiner zu pflegen. Sehr kam ihr zu statten, daß die Wiederherstel=
lung des Friedens zwischen England und Frankreich 1713 in die
Provinz Pennsylvanien neues Leben und Aufschwung brachte, das
Land stieg im Werthe und nach einigen Jahren hatte sie die Schul=
den abbezahlt, die früher so hart drückten. Logan blieb auch in
ihrem Vertrauen und war einer der Commissionäre über das Familien=
vermögen. Gewiß war ihr, daß, wenn ihr Gatte für Weib und
Kinder gethan hätte, was er für andere Leute und das allgemeine
Beste und seine Provinz that, sie Alle vielem Mühsal und Trübsal
entgangen wären.

In Pennsylvanien machte sich Gouv. Gookin im Jahre 1715
verhaßt durch eine Maßregel, betreffend die Eidesleistung, welche
gegen die Quäker gerichtet war und wozu er kein Recht hatte. Auch

ließ er sich nicht dreinreden. Im Mai 1717 trat an seine Stelle Sir William Keith. Das war die Zeit, in welcher die Einwanderung in Pennsylvanien einen neuen Aufschwung nahm. Und aus Deutschland und der Schweiz wanderten um jene Jahre namentlich auch viele Mennoniten in das südöstliche Pennsylvanien ein.

Um jene Zeit kam auch Vater William Penn zum Ziele seines Lebens und Leidens. Schon im Jahre 1717 war er so schwach, daß er, ohne geführt zu werden, gar nicht gehen konnte. Er entschlief sanft am 30. Juli 1718 im 74. Lebensjahre. Die entseelte Hülle wurde am 5. August in Gordon's Begräbnißplatz in Buckinghamshire, wo seine erste Gattin und andere Glieder der Familie ruhen, dem Schoos der Erde übergeben. Es hatte sich dabei eine große Menge Menschen, besonders „Freunde," eingefunden. Der Wittwe kamen Bezeugungen des Beileids und der Hochachtung und Liebe gegen den Entschlafenen von den verschiedensten Seiten zu. Schön und rührend war die Art und Weise, wie die Indianer ihre Theilnahme ausdrückten. Sie sandten nicht nur ein Beileidsschreiben mit dem Ausdruck ihrer hohen Werthschätzung ihres alten Freundes „Onas" (so hieß Wm. Penn bei ihnen), sondern auch ein Geschenk in der Gestalt von Fellen, als „Material zu einem Gewand um durch die dornigte Wildniß zu wandern," womit dieselben auf den schweren Weg anspielten, der vor der vereinsamten Wittwe lag.

William Penn's liegende Güter, so weit er sie von seinem Vater und durch seine erste Frau überkommen hatte, waren bestimmt für seinen ältesten Sohn William. Nach seinem letzten Willen war die Regierung über Pennsylvanien und die drei Counties an drei vornehme Engländer als Vertrauensmänner übergeben, um sie an die Königin oder irgend Jemand sonst abzutreten, wozu es, wie wir wissen, nicht kam. In gleicher Weise übergab er seiner Frau Hannah und deren Vater und Andern all' seinen Besitz in Amerika, sammt allen Zinsen u. s. f., um seine Schulden zu bezahlen und um jedes der Kinder seines Sohnes William mit 10,000 Acker Landes auszustatten; und ebensoviel an seine Tochter Lätitia; alles Uebrige daselbst kam den

Kindern seiner zweiten Gattin zu. All' sein persönliches Vermögen in Pennsylvanien und anderswo gab er ihr selbst und setzte sie zur einzigen Testamentsvollstreckerin ein. Ihre Kinder, John, „der Amerikaner," Thomas, Margaretha, Richard und Dennis, waren bei des Vaters Tode alle noch minderjährig. Hannah Penn leitete bis zu deren Volljährigkeit die Vermögensverwaltung. Auch sie erlitt im Jahre 1722 einen Schlaganfall, lebte aber bis 1727. James Logan wurde nach dem Tode Wm. Penn's zu hohen richterlichen und executiven Aemtern in der Provinz berufen. In höherem Alter lebte er auf seinem Landsitz Stenton, nahe bei Germantown, für Literatur und Wissenschaft. Er starb im 77. Lebensjahre 1751.

Die Kinder des jüngern William Penn trafen in Beziehung auf die Erbschaft mit den andern Erben einen Vertrag. Dadurch wurden die Söhne von Hannah Penn, John, Thomas und Richard die Eigenthümer von Pennsylvanien und nach und nach fiel ihnen dadurch ein sehr bedeutender Reichthum zu. Im Jahre 1779 wurde natürlich der Besitz Pennsylvanien dem Staat angeeignet. Aber der Privatbesitz an Ländereien, Häusern, Grundrenten wurde den Erben vorbehalten. Auch wurden 130,000 Pfund Sterling aus dem Staatsschatz an die Repräsentanten der gewesenen Herren Eigenthümer Thomas und Richard Penn ausbezahlt, als Ersatz für ihre Verluste an Rechten. Dagegen nahm der Staat Pennsylvanien vom Verkauf und Renten des an den Staat heimgefallenen Landes vom Jahre 1781 bis 1789 die Summe von 824,094 Pfund ein. An das britische Parlament stellten die Erben Penn's wegen erlittener Verluste die Forderung von 744,817 Pfund. Das Committee des Parlaments gestattete ihnen 500,000 Pfund.—Bemerkt sei noch, daß von sämmtlichen Söhnen William Penn's nicht Einer in der Quäkergemeinschaft blieb.

———

Man kann mit Wm. Penn nicht bekannt werden, ohne den Eindruck zu empfangen, daß man es mit einem ungewöhnlichen Manne, mit einer eigenthümlich markirten Individualität zu thun hat. Es findet sich in ihm nicht das was man Genialität zu nennen beliebt. Es ist

kein Neues schaffender Reichthum der Gedanken, der überraschenden
Natur- und Lebensauffassung bei ihm. Im Gegentheil möchte man
ihn eine recht prosaische, von der Nützlichkeitsrücksicht in Allem gelei-
tete Persönlichkeit nennen. Nur darf man nicht übersehen, daß eine
eigenthümliche Tiefe des religiösen Empfindens und eine wundersame
Begeisterung für Gott und das Göttliche, Ewige und für alle edlen,
menschenfreundlichen Ziele und Strebungen daneben steht. Und was
Wm. Penn einmal als wahr erkannte, was ihm Offenbarung des
„innern Lichtes" war, das identificirte sich bei ihm so völlig mit seinem Willen, daß ihm auch das schwerste Opfer dafür nicht zu schwer
wurde. An seiner Religiösität war ein gewisser mystischer Zug und
der Unterschied des Natürlichen und des Geoffenbarten wurde ver-
fließend und unklar. Aber neben diesem mystischen Element, das sich
vor jeder klaren, lehrhaften Fixirung scheu zurückzog, stand ein eigen-
thümlicher Mangel der Phantasie und darum blieb der ganze Reichthum des Christenthums, das weltverklärend allseitig wirken soll, dem
naturflüchtigen Quäker verschlossen. In so fern war auch der Standpunkt Wm. Penn's ein einseitiger, sehr beschränkter. Von der In-
nigkeit, Lebendigkeit, Wärme des religiösen Gefühls, das Wm. Penn
beseelte, haben aber die Quäker unserer Zeit, und nicht nur die uni-
tarischen Hicksites, auch kaum noch eine Ahnung. Jener erste
bußpredigende, missionirende Eifergeist auch in der gemäßigten, ver-
ständigeren Weise eines Wm. Penn, ist längst verflogen und bei den
Meisten ein mechanisches Bewegen in den alten traditionellen Formen übrig geblieben. Damit verträgt sich ein gewisses philanthro-
pistisches Streben recht wohl, das aber kein ausschließliches Quäker-
privilegium ist. Der Haß gegen kirchliche Lehrformeln und Gottes-
dienstsformen hat einer unschönen Formlosigkeit, die selbst doch auch
wieder Form ist, weichen müssen und der einstige Enthusiasmus ist
dahin, über welchem man das Unschöne und Einseitige der Form
vergessen konnte. War das Formenleben der Kirche, das Wm.
Penn einst auch bekämpfte, eine Einseitigkeit, so war die subjective
Geisttreiberei, das Spiritualisiren und die Verachtung des Natürli-

chen und Aeußerlichen eben so einseitig und bei der bald genug ein=
tretenden Erlahmung und Verschwächung, beim Herabsinken aus der
falschen, schwärmerischen Höhe geistigen Schwunges, blieb nichts
Festes, Solides, Zuverlässiges übrig. Daß es auch heute noch
einzelne „Freunde" gibt, die dem geistlichen Leben, der warmen
Herzensfrömmigkeit näher stehen, die einen Wm. Penn beseelte, ver=
gessen wir nicht. Und eben so wenig, daß die „Freunde" als Klasse
noch immer eine höchst ehrenwerthe Stellung in der Gesellschaft ein=
nehmen.

Was an Wm. Penn als ein wahrhaft großer Zug hervortritt,
war der Ernst seines Wesens, die Fähigkeit um der von ihm er=
kannten Wahrheit willen jede Bequemlichkeit des Lebens, den ganzen
Glanz der Welt fahren zu lassen und Spott, Haß, Verfolgung,
Bande, willig zu ertragen. Es gehört immerhin ein Muth dazu,
für einen Sonderling zu gelten. Und dafür gerade galt er, der vor
dem Genuß des vornehmen Weltlebens ängstlich floh und aus dem
Elternhause sich vertreiben ließ, um dafür die Genossenschaft der
Verspotteten und Gehaßten einzutauschen. Es war ihm in einer
Zeit wilder Ausgelassenheit einer sittenlosen Jugend ernstlich darum
zu thun, die „Lüste der Jugend zu fliehen" und seine Seele zu er=
retten. Dazu war Beides in ihm — ein ungemein zartes, reges
Gewissen und ein fester, zäher, durchgreifender Wille. Ihm stand
der Grundsatz, die Wahrheit weit über jeder Bequemlichkeit, über
jeder Rücksichtnahme auf sich selbst. Und während er gegen sich
selber unbeugsam streng war, lag ihm Bitterkeit des Urtheils über
Andere sehr ferne. Gerade diese Mäßigkeit seines Wesens, diese ihn
stets begleitende Milde, durch welche er sich auch von gar vielen
seiner damaligen Gesinnungsgenossen auf die vortheilhafteste Weise
unterschied, war ein hervorragender Zug an ihm.

Daß er in manchen Anschauungen, die in unserer Zeit tief in die
Gesellschaft eingedrungen sind und als Grundsatz in unserem öffent=
lichen Leben gelten, seiner Zeit weit voraus war, ist über jeden
Zweifel erhaben. Seine Forderung religiöser Toleranz war auch

bei ihm keineswegs nur ein Compromiß mit den herrschenden Um=
ständen, sondern ging aus seiner Einsicht in das sittliche Wesen und
in die Forderungen des Christenthums hervor. Er zog aus den am
Ende allgemein zugegebenen Prämissen die folgerichtigen Linien in
den Zustand der Gesellschaft, in's Leben hinein. Christ sein und
Andere zu einem Glauben zwingen zu wollen, erschien ihm, wie
es auch ist, als der reinste Widerspruch. Aber er stand mit seiner
Ansicht und Einsicht damals ziemlich vereinzelt da. Er hatte die öffent=
liche Meinung seiner Zeit weit überholt und ihm war die Scheide=
linie zwischen dem Staat auf der einen Seite und der Religion und
Kirche auf der andern, weit klarer geworden als den meisten seiner
Zeitgenossen. Und für errungene Einsicht wagte er den Kampf.

Wm. Penn war ein Optimist im besten Sinne. Was er auch
von der Schlechtigkeit, den Leidenschaften, der Blindheit, Bosheit
und dem Lügengeist der Menschen erfahren mußte, so hielt er doch
am Glauben an die Menschheit, an den wahren, bessern Menschen in
Jedem, im Indianer wie im Europäer fest. Das ging aus seinem
Glauben an das „innere Licht" hervor. Und allerdings war er da
in einem Irrthum befangen. Nicht als wollte er die besondern
Gnadeneinwirkungen des Offenbarungsgeistes in Christo verkennen.
Die standen ihm fest. Die waren ihm unerläßlich für ein wahrhaft
christliches Leben. Aber auf das Erkenntnißelement im natürlichen
Menschen legte er doch zu viel Gewicht, wie alle Quäker.

Denn vom Erkennen, ja vom Wollen des Guten bis zum Vollbringen,
ist ein weiter Weg. Was aber das Heil wirklich ist, die Erlösung in
Christo, das gibt kein natürliches Erkennen, kein „inneres Licht."
Das Grundverderben des Menschen, der prinzipielle Widerspruch
des natürlichen Wesens, das eben „Fleisch von Fleisch" ist, gegen
Gott und seinen Willen wird da zu sehr verkannt. Aber aus dieser
idealen Ansicht vom Menschen ging die Theorie des bürgerlichen
Lebens hervor, welcher Wm. Penn huldigte und die er verwirklicht
haben wollte. Bei allem Streben nach dem Nützlichen zeigt sich da
die unpraktische Seite. Ein Staatswesen einrichten wollen ohne

Eid, ohne militärische Macht zu Schutz und Trutz und dergleichen mehr, das mag anderswo recht gut gehen, aber nicht in dieser Welt, wie sie ist. Man kann die seligen Früchte des Reiches Gottes nicht anticipiren. Sie müssen zuvor heranreifen und auszeitigen.

In mancher Hinsicht kann man Wm. Penn einen christlichen Benj. Franklin nennen. Sein verständiges, praktisches Wesen, sein in Vielem höchst klarer Blick, seine Bestrebungen, alles wahrhaft Nützliche in's Leben einzuführen, berechtigt dazu; natürlich unter dem Gesichtspunkt der christlichen Ueberzeugung und Herzensgesinnung, die bei Franklin fehlte. Aber wie unendlich edler steht doch Wm. Penn vor uns! Bei Franklin war am Ende Alles eben Klugheit und aus Klugheit diente er auch dem Guten. Bei Wm. Penn ging die Liebe zum Guten aus der innersten Herzensgesinnung hervor. Auch mit Zinzendorf läßt sich Wm. Penn vergleichen; sie sind ja ohnehin noch achtzehn Jahre Zeitgenossen gewesen. Beide waren von der Gewißheit ihres christlichen Glaubens durchdrungen, von ungekünstelter Wärme beseelt. Beide ließen dem persönlichen Ich in Glaubenssachen einen allzuweiten Spielraum. Beide strebten danach, das Reich Gottes in ihrer Weise concret zu verwirklichen. Beide brachten für ihre Ueberzeugung und Pläne schwere Opfer, so verschieden auch der Geist und der Kreis war, in dem jeder von beiden wirkte. Wm. Penn war aber vielleicht doch der weniger selbstische, weniger sein Ich geltend machende und wich allen Schleichwegen zur Erreichung seines Zieles redlich aus. An ihm war etwas Großartiges, Weitherziges, das ihm nie erlaubte, sich gereizt oder bitter zu zeigen, oder es mit den Mitteln nicht so genau zu nehmen, wenn nur der Zweck gut war. Wm. Penn hat in Deutschland missionirt und Seelen gefunden, die mit ihm sympathisirten. Zinzendorf hat in England und Pennsylvanien gewirkt und auch den Quäkern sich genähert. Aber die „Freunde" haben ihn nicht verstanden.

Stürmisch bewegt war das Leben des Mannes, mit welchem diese Blätter uns bekannt gemacht haben. Es sind mächtige Contraste in

TREATY GROUND
OF
WILLIAM PENN
AND THE
INDIAN NATION
1682
UNBROKEN FAITH

Wm. Penn's Denkstein in Philadelphia.

Unter einer großen Ulme schloß Penn seinen berühmten Vertrag mit den Indianern ab. Ueber 100 Jahre stand dieser stumme Zeuge jenes Vertrags. 1810 brach ein Sturm den Baum nieder und seitdem bezeichnet dieser Denkstein jene merkwürdige Stelle. (An der Beach Straße bei der Hanover Straße in Philadelphia).

dasselbe hineingefallen. Bald stand der Mann vor Königen, geach=
tet und geehrt; bald war er der Leidensgenosse der Verspotteten,
Bedrängten, Gehaßten, Verfolgten. Geboren unter Verhältnissen,
die ein ruhiges, glückliches Leben verhießen, wurde er von den
Wellen des Weltlebens hin= und hergeworfen und sein Pilgern war
viele Mühe und Arbeit, viele Sorge und Kummer. Wahrlich er
mühte sich um das Wohl der Menschen, aber mußte es auch erfah=
ren, was es heißt, wohl f ü r die Welt, aber nicht v o n ihr zu
sein. Mitten drin in einem Gesellschaftszustand, der damals den
Höhepunkt der Civilisation repräsentirte, wurde er überwältigt von
der Erkenntniß des Eiteln, Hohlen, Falschen, Unchristlichem; fühlte
er sich getrieben, draußen in einer fernen Neuen Welt den Versuch zu
machen, ein reineres Bild christlichen, gesellschaftlichen und bürgerlichen
Lebens darzustellen mitten in der Wildniß. Dem Mann ist wohler ge=
wesen im stillen Haus am Saume des Urwalds, den der Delaware
bespülte, als im stolzen königlichen Palast an der Themse. Und aus
dem Saatkorne, das er dort niederlegte auf Hoffnung, ist doch ein
mächtiger Baum in zwei Jahrhunderten erwachsen.

CPSIA information can be obtained
at www.ICGtesting.com
Printed in the USA
BVHW050023061118
532207BV00021B/2032/P